5次元への覚醒と統合

Awakening and Integration to
5 Dimension

トレイシー・アッシュ
Tracey Ash

青林堂

【まえがき】

今、私たちは、「現実での覚醒」の入り口に立っています。

これまでにない癒《い》やしと進化の可能性を秘めた、最先端の新たな「意識」がはじまろうとしています。

このエキサイティングで挑戦的な時代に、はたして人類に何が起ころうとしているのでしょうか。

それは、三次元世界における意識の覚醒、すなわち「現実での覚醒」です。私たちは、今、この新たな世界、「現実での覚醒」の入り口を開いているのです。

「現実での覚醒」の最も基本的な要素は、「五次元」と呼ばれる領域です。五次元は、三次元の低い波動（周波数）とは違って、真実、愛、平和の中で革命的な時代をもたらします。言い替えれば、五次元とは、現実をいかに認識・体験するかを多次元的に見つめ直し、また実際に現実に継続的な影響を与え、変化させていく、意識の新たなフロンティアなのです。

現実での覚醒、すなわち五次元の意識は、メタフィジカルな（形而上学的な、あるいは物理界を超えた量子的な）自由度や奇跡、神秘性を育み、あなたを神聖な存在へと進化させ、運命を動かします。あなたの最も高次の意図は、すぐに現実として具現化するでしょう。

　個人レベルでは、五次元はあなたの意識における絶え間ない変化の基盤を創り出します。人生のあらゆる場面で、最高の波動を体現して生きることによって、あなた自身に火を灯しつづけます。

　また、五次元意識に至ると、地球レベルでは、進化し、愛し合い、人間性を高めることができます。そのため、最高の波動での運命を果たし、人類の進化に独自の貢献をすることができます。あなたが目醒めれば、人類全体の意識、現実、知性はさらに向上するからです。

　そして、あなたは今以上の存在に進化し、未来を再定義する愛と真実の物語を発見することになるでしょう。

☆三次元と四次元を超えていく

　五次元に至る不滅の変化を手に入れるためには、まずは三次元と四次元に向き合い、これらを超越する必要があります。

　三次元とは、低い波動の継続的なサインです。その刷り込まれたサインは、あなたの生態

（肉体・生物的条件）、心、潜在意識に残り、あなたが持つ並外れた精神性、夢、そして自由を奪ってしまいます。

三次元から解放されるためには、これまであなたの意識に刷り込まれてきた有害なストーリー・ドラマから脱却し、意識を再構成しなければなりません。あなたが持つすべての傷、繊細さ、怖れに対して強く立ち向かい、まったく新しい自分を生きるのです。

あなたの人生のさまざまな場面に現れるものを純心な目で観察することによって、三次元の呪縛から抜け出すための信念や思考、感情に取り組むことができます（第6章で詳述）。

四次元は、表面的でステレオタイプなスピリチュアリティであり、頭の中だけの観念的な覚醒です。

結局のところは三次元の延長に過ぎず、「心の知恵」よりも「頭の知識」に翻弄されているときや、ただの瞑想状態にあるときなどに四次元は現れます。

しかし、四次元を超えない限り、あなたの本質的な生き方には影響を与えず、日常の現実に統合されることはありません。

たとえ表面的にスピリチュアルなトレーニングを行ったとしても、本質的な変化と目醒めというあなたの本来のビジョンは阻害されることになります。

なぜなら、そのような単なる瞑想状態やトレーニングから離れると、すぐに三次元の現実に戻ってしまうからです。たとえ一瞬だけ夢のスイッチを入れることができても、現代の世界で覚醒したまま生き残ることはできないのです。

四次元を超えるには、無意識に潜んでいる二面性や恐怖、男性優位主義などの権力者による刷り込みなどで汚染されていない意識のテクノロジーを活用する必要があります。

このテクノロジーを活用した五次元へと繋がるプラクティスは、自分自身は一体誰なのか、現実は何なのか、真の、そして極めて重大な理解へとあなたを導きます。

この進化の知恵は、人類と宇宙の真実の物語と旅をささやきます。これがあなたを五次元へと動かすのです。つまり、五次元は、強い影響力をもったスピリチュアルの入門と目醒めのプロセスです。

五次元には多くのエントリーポイントがあり、そのきっかけは、本物のスピリチュアリティと変化のためのあなた自身のプラクティスです。何が深く完全で、具体化され、統一されたプラクティスなのかを考えてみるのは実にエキサイティングなことです。

これがあなたの意識的な変化の基礎であり、細部まで完全にプラクティスができると、あなたは広大な意識の資源を認め、目覚めさせ、活かすことができます。思考と感情に責任を持つことができるよう、あなたの意識を進化させるには、日々の献身が必要です。

そうすれば、神聖で神秘的な、あなたの突破口となる並外れたワークである五次元の意識は乗っ取られることはありません。そのプラクティスを通して、あなたは最大の自由を獲得します。神聖な人類と地球、そしてこの惑星でのあなたの存在と奉仕は称えられます。

☆五次元を受け入れる

私は、これまで五次元を生きる旅をしてきました。

私が生まれたのはイギリスで、優れたヒーラーの家族に生まれました。幼年期から感受性豊かで、多次元と交流し、メタフィジカルな経験をし、また古代の過去世の記憶を持っていました。

こうしたことは、私が他者への奉仕の訓練をするうえで、ギフトとなりました。

さらに、私は古代エジプトの叡智《えいち》を学ぶことによって、人生の目的をより輝かしく生きるライフビジョンを構築しました。

古代エジプトの叡智とは、人間の神性のひな型である「ブックオブライト（光の本）」であり、この本には意識の進化への道、神性への鍵が内在的情報として含まれています。

この光の本の知識は暗号化されたものなので、それにつながるためには自分の波動を変え、意識の次元を上げなければいけません。それゆえ、古代人はアルケミー（錬金術）を重視したのです。

天才の方程式とも言えるこの光の本に触れたことで、私は五次元を生きるようになり、常に道を示す者、すなわちライトワーカーの道を歩むことになったのです。それゆえ、私はワークを行うとき、人々がさまざまな呪縛から解放され、自由になるためのサポートができるのです。

エジプトは今、私自身の旅に共鳴していますが、それは今の私の生涯のずっと前にも起こったことです。私は古代エジプトの過去世の記憶を持っており、その記憶は今日の私の教えに強く影響しているのです。このように、私のワークによって豊かに織りなされるものは、古代の伝統から引き出されています。

また、私の義父はエジプトのスーフィー（イスラム教の神秘主義者）であり、私は、神秘的なイスラム文化から神聖なシャーマニズムと深遠で神聖な知性を引き出しました。そのため、エジプトだけでなく、世界中の主要なパワースポットでのワークと研究成果は、ワークを行う相手を五次元の現実へと誘うことができるのです。

☆五次元への進化

あなたが「現実での覚醒」を得て五次元を生きるためには、三次元や四次元によって何が制約されるのかを知っておく必要があります。

三次元は、私たちの人生にメタフィジカルに影響を与え、本当の自分自身を知ることで得られる「平和」を奪います。また、五次元だと勘違いして、四次元に留まっていると、「進化」の流れが妨げられます。

私が古代エジプトの叡智を調べてわかったのは、あらゆる時代にわたって組み込まれているコードは「進化」だということです。

世界中の神話は人類の未来への希望を表わし、預言された時代とは今です。今こそ、光に回帰する時代、自らの神性へ回帰する時代であり、それゆえ三次元の身体を持ちながらも五次元に生きることができるのです。

三次元や四次元に留まっている限り、気づきや愛が欠如し、そのため波動が低くなって進化のペースが著しく遅くなります。しかし、今、私たちは、自分がどの次元で生きるのかを選択できる時代にいます。

ですから、もしあなたが「現実での覚醒」を得たいと望むのであれば、四次元を超えて五次元へと進むことができます。すなわち、今までの「制限された自己」から、「無限の自己」へと脱皮することができ、それこそが「現実での覚醒」であり、五次元に到達することなのです。

☆進化のブレークスルーを維持する愛の戦士

私のように、あなたも五次元に到達したら、適切な道を選択し、五次元を維持し、進化のブレークスルーを維持する必要があります。そして、これまでのように、小数のエリート達によって輝かしい未来を支配され、奴隷となってしまう歴史から脱却するために、愛の戦士としての準備をしなければなりません。

今も続いているエリート達による支配は、多くのプログラミングを通じて歴史のストーリーを展開させ、自分たちの都合のいいように強化しており、私たちは無意識のうちにそれにコントロールされてしまっています。

私たちは、知らず知らずにその意図的に作られたストーリー展開を自分の中に抱えてしまうのです。しかし、これらのストーリーは明らかに進化に反しており、そのためその支配的なコードはもはや破られなければいけません。

今までのストーリーではもう時代遅れであり、そもそもそれは少数者のためのストーリーであり、人類全体のものではないからです。人類と地球を滅亡させないためにも、人々を三次元や四次元に封印してしまう過去のストーリーから脱却し、進化から見て健全な価値観に戻らなくてはならないのです。

今、一見すると、世界規模でネガティブな出来事が次々に起きていますが、実はそれを通じて私たちは気づきの力とハートを癒やしているのです。そうやって、コントロールから抜け出し、意識の進化を遂げていく。だからこそ、スピリチュアルな生き方が求められていて、それこそが極めて健全な生き方につながっていきます。

すなわち、ワークは「今」であり、「内」にあるのです。

スピリチュアルな分野にもたくさんの幻想が存在し、どんな分野にもエリート主義がありますが、新しい世界のビジョンはエリート主義であってはいけません。

表面的な優劣を煽るエリート主義は、愛や気づきとは無縁の幻想であり、この幻想から生まれたストーリーに巻き込まれてしまうと、自分の自由や進化が阻まれてしまうからです。

あなたがスピリチュアルな生き方を望むなら、一人ひとりがユニークな存在であり、お互いから学ぶことができ、協力しあえる関係を築いていくことが大切で、そこには愛と気づきが必要です。

私たちが自由を確保するためには、常にこのワークを行わなければなりません。これこそ、私たちが直面する最大の戦いです。

これまでの私たちの足跡や傷、そして夢を、今後、進化に向かう革新的な現実へと発展させていくためには、個人レベルと地球レベルの両方で浮かび上がらせる必要があります。

そのためには、意識とは何か？　そしてそれは私たちの現実に何をもたらすか？　についてよくよく弁《わきま》えておかなくてはなりません。

最近の研究では、意識を物質として捉えるべきだと主張する研究者もいます。これは意識が現実を創造している「創造の仕組み」を解明する最先端のブレークスルーであり、意識の科学をもっと積極的に研究すべき理由の一つです。

なぜなら、意識は一つのテクノロジーだからです。意識のテクノロジーが理解できれば、過去の歴史を理解し、今を理解し、それに基づいてもっと意識的なかたちで未来に影響を与えられるからです。

そのように、全ての人々がより深い理解に足を踏み入れるとき、人類と地球の未来の可能性の扉を開き始めることができます。

神聖なものを認め、この奇跡的な方法を肉体の中心に、そして生活・人生の中心に据え、コミュニティと世界の中心に据えると、並外れた進化がもたらされるのです。

☆五次元のフロンティアを創り上げるための招待状

この本で皆さんと共有する「現実での覚醒」は、五次元のビジョンだけではありません。これは、入門の方法と奉仕、生命力、光と真実の維持と拡大、そして意識と愛のロードマップです。

これらの神聖な真理は、三次元によって故意に隠されてきた存在についてのより大きな疑問をあなたに投げかけるでしょう。

「現実での覚醒」は、未開の地に足を踏み入れる機会であり、あなたが当たり前のように受け止め、多くの場合は現実として受け入れてきたすべてのものに疑問を投げかけ、そして再構成を促します。

この新しい進化のフロンティアに足を踏み入れることは、最も高い次元の目的を受け入れて、本物の人生を送り、五次元の人間としての運命を果たすことであり、その意味で本書は、革新的な五次元の新たなフロンティアを創り上げるための招待状なのです。

もちろん、私たちには多くの選択肢や道筋があります。

そこで、もしあなたが真実と愛を選ぶなら、神聖な意識、すなわち「現実の覚醒」を得ることができます。

あなたは、人類のステップでありジャンプです。あなたのこれまでにないまったく新しい気づきは、現実を再構成し、深い変化に影響を与えます。

これこそ、長い間進化を阻んできた支配層による計略を超える絶好の機会です。あなたの選択と気づきが、これまでの分離による痛みのサイクルを破壊し、有毒なエリートの権力構造に対立する力を目覚めさせるのです。

これからのあなたの人生は、並外れて豊かで、まったく新しい目的を帯びています。

過去の古い執着は失われます。すべてのロックを解除し、光と生命力と知恵を呼び込みましょう。何もあなたを破壊することができないよう、あなたの旅は守られています。

あなたは、従来のルール（現実）の中におかれた光り輝く例外です。

進化を促す本物のパワーへと足を踏み入れ、従来の傷と戦略を変換して、共に新たな夢を体験するために、特別な人間としての才能にアクセスできます。

あなたは今以上になれるのです。あなたは「現実での覚醒」を達成できます。

【目次】

まえがき

第1章 五次元・三次元・四次元 …… 17

五次元の可能性／五次元と対象的な三次元／変身願望に魅了され、自分のドラマチックな物語に酔う四次元／三次元から五次元へのシフト／内なるワークによる五次元への旅／五次元意識への移行

第2章 四次元情報を超えて …… 41

他者依存が可能性を封じる／知性の限界／四次元のスピリチュアリティ／頭では理解できない神聖／変化することへの恐怖を手放す／知的な教えは人生を変えない／瞑想が四次元に導かれないように

第3章 五次元の現実をオンにする …… 67

気づきは自己認識の実践によって得られる／「現実での覚醒」としての気づき／三次元と四次元における気づき／気づきと内なる声の聴き取り／意識の向上に向けて実践する／あなたの身体と意識／概念化された自我の執着は四次元へと戻る／一瞬一瞬の練習としての気づき／それぞれの次元を認識するための自問／ライブフィード（目の前の現実という生放送）／行動中のライブフィード／三次元ライブフィード／四次元ライブフィード／五次元ライブフィード／ライブフィードプラクティス

第4章 意識の周波数（波動） …… 103

元は高波動だった／波動の変換／波動と五次元／三次元の波動／運命の回り道／波動の影響／波動変換のプラクティス／内なるワークによる五次元への献身／低波動の乗っ取りに気づくためのナビゲート

第5章　五次元の意識……131
神聖な舞台／三次元の意識／四次元スピリチュアリティの概念的な意識／刷り込みの再構成／「戦略」はない、あるのは神聖な資源のみ／五次元の光とライトワーカー

第6章　ヒーリング……153
三次元ヒーリングを超えて／三次元はヒーリングの可能性を制限する／癒やしの新しいフロンティアとしての意識の進化／神聖さに耳を澄ます／五次元マトリックス内で独自のヒーリングアプローチを見つける

第7章　五次元の愛……175
愛とプログラミング／三次元のステレオタイプの愛／ハートを開く／自己への愛／五次元の愛／五次元の人間関係／人類における五次元の愛の共鳴

第8章　運命……201
意識と現実が私たちは誰であるかを定義する／三次元と運命／三次元の奴隷から五次元の運命へ／目的を純化する／あなたが誰であるかを理解する／運命のプラクティス／別のストーリーを選択する／惑星地球上の最高の使命としてのあなたの目的

終章　令和の時代によせて……225
日本の歴史が古代の力を呼び覚ます／私の祈りが日本への縁へとつながる

あとがき

第1章

五次元・三次元・四次元

☆五次元の可能性

五次元と他の次元の違いについて、詳しく説明していきましょう。

まず、意識に関する研究における最前線では、意識の働きはあなたを五次元へと導くことができる可能性を示唆していて、それはあなた自身が持っている能力です。

五次元は、最高波動（最高周波数）のスーパーポテンシャルであり、ユニークで恐れのない最も優れた共鳴場です。それはあなたの生命力が最も深く調整され、活性化され、あなたが可能な限り最高の真実で生きている場所です。

五次元はその可能性において型破りであり、人類の最高の資質を守ります。なぜなら、五次元は、愛を深め、人を高め、成長を促進し、さらに拡大し、世界が、環境が、今が、そして将来がより前へと進むからです。

五次元意識で生きている時、あなたは明確でエネルギーに溢れた現実にいます。具現化、シンクロニシティが起こり、道しるべがはっきり現れ、筋が通っていて、まさにあなたの人生が完全に正しく展開し、目的と運命に深く調和していることが目に見えるでしょう。

一人の人間として五次元を体現している時、あなたは現実のさまざまな場面においてそれを感じ、知ることができます。

さらに、私がお勧めするワークをすることで、あなたの知性と心の完璧なバランスがはかられ、それにより奇跡が起こる可能性、前例のない運命が訪れる可能性、そして人類の目覚めへの貢献をもたらすことも可能です。

五次元を実際に一度体験することによって、あなたは意識を五次元に合わせる方法、そして実行する方法、再起動する方法、リマスターする方法、成長させる方法、および進化させる方法を学ぶことができ、人生のあらゆる側面に影響を与える非常に実用的な生き方に導かれるでしょう。

このように、五次元は、今、この惑星における変化と危機の時代に、あなたのスピリチュアリティを、本物で、根拠のある、そしてエゴのない、今ここにある能力として生きることを可能にするのです。

☆五次元と対象的な三次元

三次元は、五次元とは対照的に、「条件付きの現実世界」です。それは真実であるかのように誤解されていますが、架空の存在であり、社会的な条件によって規定されています。

なぜなら、三次元は私たちの過去の遺産と作為的な世界共通の意識に固定されており、しかも日々のあらゆる瞬間に与えられる環境の影響によって、継続的に強化されているからです。

そのような三次元によるプログラムは、常に二元性を有していて、そのためこれまであなたは二元性のレンズ（色メガネ）を通して世界を見るように訓練されてきました。

二元性は、対立や分離（分断）を生み、そのため、あなたはあなた自身と世界の残りの部分を、別々の、繋がっていないものと考えてしまいます。

真実は、すべての存在が繋がりあっているにも関わらずです。

そのように、二元性は三次元の制限された意識を永続させ、あなた自身をバラバラにし、切断させます。

言い替えれば、三次元のエリートたちによる権力構造は、人々に二元性の制限を加えることによって、彼らに利益をもたらす物欲的なライフスタイルの選択肢をあなたに押し付けようとしているのです。

そのため、物質レベル（三次元）においては人生を生き残ることはできますが、「本当の意味で生きる」方法や意識のあり方についてはほとんど選択肢がありません。

多くの人が、そのような三次元操作の罠にいともたやすく陥ってしまいます。なぜなら、三次元操作はあなたという存在を中傷し、毒している軽蔑的な「現実の幻想」へと常にあなたを誘惑するからです。つまり、あなたが三次元を「現実」（または真実）と見なしているのは、三次元操作の罠に嵌まっているからです。

あなたは、知らない間に三次元操作というウイルス性のプログラムによって凍りついており、日々の生活で深い意識と自由を経験することを禁じられているのです。

そもそも、三次元と五次元では、在り方がまったく異なります。

五次元は高い波動を実際に生きているのに対して、三次元は人生に落とし込めていない状態です。むしろそれは、まとまりや運命との繋がりを欠いた、直線形で、一般的で、限定的であり、エリートたちによって奴隷化され、高度に操作された人生です。

そのため、三次元では、不必要なドラマ、有毒なステレオタイプ、そしてあなたらしくないストーリーによって、あなたは道に迷ってしまうことになります。

しかも、自らを律してそこから抜け出す力が欠如しているため、幻想と迷いは増殖し続けます。果ては常に誰かのせいにし続け、傷つけられたトラウマを癒やそうとする堂々巡りのサイクルに閉じ込められます。

そこでは、あなたは深く生きているのではなく、単に肉体的に存在しているだけであり、疑いを持つこともなく、他律的に同じような現実を繰り返します。

それゆえ、本来のあなたのビジョンは秘密裏に閉じ込められ、時間の中で凍りつき、歴史がそのサイクルを繰り返すにつれて、未来を変える力さえも失われていくのです。

☆変身願望に魅了され、自分のドラマチックな物語に酔う四次元

三次元はこの世界のプログラムの中で最も陰湿で有害な表現形態であり、その対極にあるのが五次元です。

その五次元を完全に体現する方法をナビゲートする前に、四次元の落とし穴をよく認識して適切に対処していく必要があります。

四次元とは、人間の潜在能力を脇に置いたまま、結果的に人生そのものから自分自身に備わっている可能性を締め出してしまう、表面的でステレオタイプなスピリチュアリティーと一過性の目醒めです。

つまり、四次元は、頭の中で概念的には目醒めていたとしても、それは五次元の「現実の覚醒」ではないため、三次元における現実のパターンや強制された既存のプログラムに囚わ

れたままなのです。

どれだけ多くの精神的なトレーニングを行っても、それが四次元の二元性に基づいている場合、あなたは、自身の潜在能力を完全に制限してしまう非常に狭い認識領域から逃れることはできません。

そのような誤ったスピリチュアル（精神的）なトレーニングは、私たちを三次元の毒性に閉じ込め、この地球上における持続可能で意識的な状態から締め出してしまうのです。

このように、四次元は三次元と同様に、決定的ではありません。どちらも現実を前向きに変えることを不可能にするからです。

結局、四次元は三次元の延長に過ぎず、ほとんどの人が精神的な潜在能力の領域でピークに達して一時的に目醒めのスイッチをオンにはするものの、ひとたび困難な壁（チャレンジングな出来事）にぶつかるとすぐにオフに戻ってしまうのです。

これは、自我（エゴ）による「自由」についての誤認があるためです。

四次元は、「概念を知っているだけで実際にそれを生きていない」という状態なので、疑いや迷いのフィルターをつくり出します。その結果、現実生活の中で真実ではないものを容易に受け入れてしまい、真に自由で可能性の開かれた人生の旅を経験できなくなります。

私たちは四次元を超えない限り、ストーリーや幻想的なドラマ、勝利に対して非常に強く執着してしまいます。

これらは、私たちの中にある未解決の綻《ほころ》びですが、いずれにしても四次元における成功は、あくまで一過性の幻想に過ぎません。

にも関わらず、表面的なスピリチュアリティに関心を向ける人の多くが、そこで「成功した」と疑うことなく結論づけてしまいます。

しかし、それは典型的な低い波動（低レベルの意識）であり、極めて表面的な捉え方です。

いくら変容して目醒めたと思っていても、実際には五次元へと徹底的に再構築されていないと二元性からは逃れられず、そのため現実生活においても対立や矛盾・葛藤が生じます。

多くの場合、四次元意識は、頭での理解のみが、実際の進化や体現のレベルを上回ってしまった時に現れます。

そのような四次元の「突破」感覚は持続可能ではなく、実際は依然として渇きが癒えず、変身願望に魅了されたまま、自分のドラマチックな物語に酔っているだけです。

現実を見るフィルターをひとつ壊しても、四次元の意識では、それに代わる別のフィルター、つまりスピリチュアルなドグマがつくられてしまう、ということです。

それだけ私たちの執着は非常に強いため、本質的な突破を行うことは時に困難さを伴う場合があります。

五次元（高い波動）とは異なる四次元的な覚醒は、自分で識別するのは必ずしも簡単ではありません。なぜなら、自我は説得力を持って究極の真実を見つけたように見せることができるからです。

けれども、実際、四次元的な目醒めは日々の現実には何ら反映されることはありません。ただ、以前よりも自由に感じるので、私たちはこれが究極の自由だと思ってしまうところに落とし穴があります。

三次元だけでなく、四次元をも超えて、さらに五次元へと進化していかない限り、私たちの基盤は非常に脆弱なままです。

四次元意識は、三次元同様、二元性やエリート主義を生み出します。

一時的な自由や覚醒感覚を究極の自由と勘違いして、自ら精神的なエリート主義に嵌まってしまい、真実を知っている「私たち」と、そうでない「無知な世界」との間にさらなる二面性を自ら生み出してしまうのです。

ところが、これらは、本人の生命力、すなわち波動の質によって見分けられます。

四次元レベルの自称「覚醒者」たちは、スリピチュアルなドグマに根を下ろし、限られた真実のみを主張し、守り、その過程でより多くの分離と二元性を生み出しながらも、「私は道を知っている」と主張します。

しかしながら、それは低い波動であり、私たちの中の未解決の綻びや執着心を解放することにはまったく繋がらないのです。

☆三次元から五次元へのシフト

私たちは、三次元と四次元―そしてこれらに付随する自分勝手な動機、固定観念、操作、限定的な意識、眠った心、有毒なストーリー・ドラマ、自分勝手な覚醒など―を超えて、より高い波動の五次元に移行する必要があります。

そのためには何が求められるのか?

それは、奉仕や貢献が全てであり、三次元・四次元のデトックス（浄化）に対する確固たる献身的なコミットメントと、運命に関してより意識的、且つ現実的な選択をすることです。

これは、恐怖や制限といった、あなたを奴隷にし続け、夢を具現化することや生きること、そして愛することや与えることからあなたを締め出す誤った真実を排除するための、日々の生活のコミットメントを意味します。

あなたの運命と完全に繋がって歩き出すためのコミットメントであり、五次元に移行するには、この本来のビジョンを今、意識的に解き放たなければなりません。

個人レベルでも集団レベルでも、今こそ、私たちが自分に与えたものや、他者から与えられたものを深く考慮し、有毒な三次元の現実を解決できるように、痛みと苦しみのアジェンダを終わらせる時です。

私たちは人間として、今こそ新たな五次元のストーリーを選択し、一人ひとりが自分たちの手で未来を選択することができると気づく時です。これが進歩的で革命的な、真にスピリチュアルな目醒めの境地です。

三次元や四次元の意識のままでは、意識の進化や真実の全体像に簡単にアクセスできず、これまでのような表面的な世界を受け入れざるを得ません。

一方で、未知なる可能性を体験して真実を探索する準備ができたなら、現実そのものを（個人的にも世界的にも）再定義して、五次元をあなたの「しるし（署名）」の波動として保持することができます。

これこそが、三次元から五次元へのシフトであり、あなた自身が神聖になる場所です。

五次元の力（高い波動）は、三次元／四次元の脆弱《ぜいじゃく》な力に取って代わりながら、それらを完全に認めきった意識状態です。つまり、三次元・四次元があなたの進化において参照点となり、あなたがやって来た場所、そして決して後戻りすることのない場所として、認識できるようになります。

「現実の覚醒」そしてその自由の感覚は、あなた自身が三次元・四次元を変身させた以上、実際にあらゆる場面で経験することができます。

あなたは、新たな次元の知性、潜在力、愛のフロンティアの入り口を開くのです。するとかつてない癒やしと目醒めとともに、神聖さと繋がり、教えられ導かれて生き始めます。神性に触れることによって、あなた自身が永遠の変身を遂げられるのです。

五次元への移行とは、究極的には、私たちが存在するコミュニティと世界を奇跡的に高めることができる、非の打ちどころのない進化へと踏み込むことです。

五次元は私たちの意識の目覚めと変容をもたらす一方で、深い寛大さと世界への貢献を意味します。

したがって、五次元の意識、すなわち「現実の覚醒」を達成する人が増えれば増えるほど、私たちの奉仕は大きな影響力を持ちます。

五次元は天才的な解決策を生む可能性を秘めた個人を生み出し、彼らは年齢、地位、または個人的なアジェンダへの執着を超えており、隅に追いやられることもなく、無意識に乗っ取られることもありません。

彼らは意図的に彼らの未来と運命に沿って歴史を創り、新しいより進化的なフロンティアをつくり上げていきます。彼らは未来を切り拓き、守る戦士として、目を開き、心を開き、何ものも恐れることなく前進します。

☆内なるワークによる五次元への旅

とはいえ、五次元への簡単なステップはありません。

三次元から五次元への進化は、地に足のついた内なるワークから始まります。

あなたの内なるワークが、三次元／四次元を超える通過儀礼の進化的権利を獲得することに繋がり、そこでは、他の何者でもなく、あくまであなた自身が資源です。

あなたを取り囲むエネルギーシステム、あなたのマインド（思考）、あなたのハート（感情）、あなたの肉体（生物的条件）とあなたの意識によってそれを獲得していくのです。

これらはすべて身近にありすぎて気づかない、天才的なテクノロジーであり、人それぞれユニークな「より進化したあなた」を指し示してくれます。

これらが活性化されることによって、あなたの現実が一新されるでしょう。

五次元の神聖な運命と完全に繋がると、これまでの哲学、考えはすべて時代遅れになります。

五次元の意識に至ると、あなたのすべての部分が常により良いあなたと、より良い世界を創り出す強力な光の中で働き出します。これが究極の表現としての「現実での覚醒」であり、人間の潜在的なビジョンです。

ですので、あなたの意識やエネルギーシステム、現実が三次元的なものに大きく傷つけられてきた場合、再び愛を選択するために、意識の変容と再教育のための綿密な旅、すなわち内なるワークが必要なのです。

そうすれば、五次元の人生を開始し、かつ維持することができます。そうして二面性から目覚め、三次元による奴隷化から解放されるのです。

あなたは三次元・四次元を敬意をもって認めはしますが、あなたが生きるのは五次元です。五次元では、あなたの心の傷を深く尊重しながらも、そこを踏み台に、より深い進化への道を示してくれるものとして認識できます。

心の傷は、あなたがそこから解放に向かう旅を始めた場所ですが、あなた自身の存在理由である必要はありません。

あなたは、これからも人生の挑戦的なレッスンを受け、再び馴染みのあるテーマを選んで同じような経験をするかもしれませんが、五次元とそれまでの三次元や四次元での体験とは文脈が完全に異なります。

五次元で心の傷が解決されると、三次元や四次元のように、健康、幸福、光、精神性、知恵、過去や未来を損なうことはなくなります。

そしてその代わりに、あなたは本当の自分自身をより創造し続けるために、それらすべてを活用することになります。それが五次元進化のすべてです。

これは、あなたが「誰であるか？」についての理解を超えて人間の可能性を認識し、感情的な能力を受け入れ、身体的な病を癒やし、これまでの愛する能力を超えて、過去の人間関係の歴史を再構築するために、旅のあらゆる面に適用できます。

五次元において、あなたは愛の旅を選択します。これまでのあなたの意識と資源を変容させて、あなたの旅がより本来の目的に合致するように再設定するのです。

あなたのその選択は共鳴し、より多くの五次元的なシンクロニシティと、繋がりに満ちた経験を引き寄せ、あなたという資源を進化させ、よりパワーを与えます。

将来の可能性が開かれ、１００％目醒めて、痛みや苦しみのない人生を送ることができるようになるのです。

☆五次元意識への移行

五次元への移行を支援するために本書で使用するプラクティスは、シンプルで例外的で天才的です。

これまでの多くのプラクティスは、より複雑化され、または頭をベースにしているように見え、五次元の体現には繋がりません。

他のプラクティスは、多くの場合、むしろ本質からエスケープ（逃亡）するために使用されます。

そのため、三次元との接続は解除されて、身体も解放されますが、意識は四次元でロックされた状態になります。

実際にリラクゼーションを目的にした多くのプラクティスがあり、それらは神経系のストレスが解消される可能性はあるものの、愛の選択ではないがゆえに私たちの意識には浸透せず、世界に影響を与えることはありません。

ここで使用している五次元に至るプラクティスは、あなたの意識と生命力に深く関わっています。それがゲームチェンジャーです。

私たちは、あなたの変革、進化、現実に真に影響を与える内なる献身的なプラクティスに入ります。

これらのプラクティスは、あなたの波動に革命をもたらし、神聖な運命を体験し、箱から出て不健全な慣習を打ち破ることを可能にします。

そして、あなたの最高波動の自己を尊重し、統合しながら、あなたの目覚めを拡大させ、あなたの知恵にアクセスし、それをさらに高めます。

旧来のパラダイムにおいては、苦痛に執着したり、永続的なドラマについてよく議論されますが、私たちが提供する五次元プラクティスは、単なる妥協的な癒やしの旅だけではありません。それは私たちの夢と傷を認めつつ、さらなる変容と進化を受け入れることです。

内なるワークは、時間や、これまでに乗っ取られた進化と歴史、すなわち三次元の制約に拘束されない次元で行われます。永続的な三次元／四次元の乗っ取りから解放され、非常に簡単に驚異的な進化を促すのです。

癒やしは機械的で遅いプロセスであるというこれまでの幻想を取り除いて、五次元の波動を使用して極めて自然な奇跡の癒やしを可能にします。

これは、私たちを神聖な運命と現実に滑らかに移行させ、織り込みます。そこで私たちは、前例のない現実の革命と完璧で絶妙な癒やしを体験し、それによってあらゆる傷が解放され、変容していきます。

私たちは、自身がもっと大きな存在であることも、また同時に謙虚に、まだ完全な存在ではないことも認めていて、これは革命的な教育の始まりを意味します。

今という時代に、あなたの力と平和を保つことは極めて重要であり、そうするためには信じられないほどユニークなプラクティスを利用する必要があるのです。

これが、あなたの力と資源を五次元において再構築する方法です。

つまり、瞑想を利用して、恐れや限界を克服できるのです。もしもあなたが敏感体質（HSP）であるなら、あなたは敏感さを保持したままで恐れることなく人生を送ることができます。

場合によっては、システムを徹底的に見直すための非常に単純で簡単なプラクティスが必要になることがあります。

これらのプラクティスにより、あなたの意識がしっかり身体に入り、自らの癒やしに素早く繋がり、目覚め、そしてリチャージされます。

むやみに長い時間をかける瞑想や視覚化（ビジュアライズ）などは必要ありません。

これらの高速で強力なプラクティスは、あなたに力と強さを感じさせます。あなたが肉体を通してこの地球にしっかり錨を下ろし、グラウンディングできるようにしてくれます。また、あなたがサポートし、影響を与える人々のために、あなたの内なる光の光度を高めることもできます。

次のプラクティスは、1日を通して複数回行うことができるため、日常生活の中で五次元波動を根づかせるのに効果的です。

＊＊＊＊＊＊＊＊＊＊＊＊＊＊＊＊＊＊＊＊＊＊＊＊

［瞑想］—頭から…ハート（胸）…足

それでは、意識を自分の内側に向けてください。

頭…ハート（胸）…足…へと。

今この瞬間、あなたは誰ですか？

頭、ハート、足…グラウンディングして、意識を合わせます。

マインド（頭）、ハート（心）、そして身体全体のエネルギーシステムを感じます。

今ここにいるあなたは、どんな存在なのか。あなたのすべてを認識します。

頭（思考）、ハート（感情）、身体全体そして足元（肉体・生物的条件と生命力）。

あなたの現実は、あなたの人生の質であり、それ自体が波動、周波数です。

五次元を選択する時、神聖な現実を選択する時、私たちは自己と人生の最高波動のバージョンを選択します。


呼吸し、焦点を合わせ、それを見つけ、それと繋がります。

頭…ハート…足…

そしてこのプロセスで、あなたは人生のあらゆる次元、現実、あらゆるタイムラインに存在するすべての自己を徹底的に見直しています。

頭、ハート、足。

私たちは自らを強化し、徹底的に見直して再構築し、最高波動の現実を選択しています。

そしてその中で、私たちはすべての細胞、すべての生態、すべてのストーリーを徹底的に再構成します…自らを癒やし、総合された状態へと。

頭、ハート、足。

呼吸を活用していきます。

それはあなたが誰であり、あなたの現実がどうなりえるかを進化させる天才的なテクノロジーなのです。

＊＊＊＊＊＊＊＊＊＊＊＊＊＊＊＊＊＊＊＊＊＊＊＊＊＊＊＊＊＊＊

《この章のまとめ》

五次元の特徴

●人類の最高波動（周波数）の特性：より深い愛、より高い人間性、より成長・進化・拡大した状態、よりよい世界、よりよい環境、よりよい今、よりよい未来。

●超高波動にチャージされた現実：進化に属し、愛が顕現し、シンクロニシティや道しるべに導かれ、筋の通った現実。

●最高波動の共振：生命力が最も深い源と繋がり、活性化され、可能な限り最高の真実から生きているところで起こる。

●五次元は、自由、光、真実、奉仕の中で生活するための五次元の資源をより多く具現化する。

●五次元は、「ひとつである」という感覚、そしてそれをさらに超越するという独自の一体感をつくり出す。

三次元の特徴

●条件付き現実：真実として誤解され、社会的条件付けによって正常化された架空の存在。

●二元性：自分自身と他の世界を別々の、繋がりのないものとして考える。愛、思いやり、資源のための限られた能力。

●生き残っているが、イキイキとしていない。

●筋が通っておらず（まとまりがなく）、運命との繋がりに欠け、人生が遅々として進まない。

●不必要な永遠のドラマ、ステレオタイプ、そして有毒なストーリーの中で迷う。

四次元の特徴

●一般的、表面的、ステレオタイプの精神性と一過性の目覚め。

●意識が一時的にオンになるが、チャレンジ（壁）に直面するとすぐにオフに戻る。

●概念的に起きている。

●不完全な、本物でないトレーニング。

●ストーリー、幻想的なドラマ、勝利に執着している。

●知的理解だけが「実際にそれを生きる」ことを上回っているため、四次元の「ブレークスルー」は持続可能ではない。
●独断的。
●精神的なエリート主義（二元性）。

五次元への旅

●五次元への簡単なステップはないが、三次元から五次元への移行は、常に内なるワークを行うことから始まる。
●五次元の人生を送るには、再学習と再教育の綿密な旅をする必要がある。

あなたが行うべきプラクティス：瞑想の実践—頭…ハート…足—これは、あなたのエネルギーシステムを五次元の中で強力にするため、定期的に練習できるように設計されている。

第2章

四次元情報を超えて

☆他者依存が可能性を封じる

五次元を体現するための最大の障害の一つは、知識や理論、データなどに対する過剰なこだわりです。

そもそも三次元の現実の中では、自分の思考、感情、行動に対する認識が非常に限られています。そのため、極めて制限された情報とデータに依存するようになり、その結果、私たちは低い波動のまま、それが継続してしまいます。

この矮小化《わいしょうか》された情報と毒性のプログラミングの多くは、恐怖、制限、痛み、苦しみの絶え間ない砲撃であり、それが私たちの社会を権力の不均衡、男性優位主義と有毒なエリート主義に結びつけてきたのです。

その結果、私たちは自分の内側ではなく、外部のソースに依存することになりました。その多くは、他者の教義、信念、現実構造に基づいており、他者依存のゆえに、内なる可能性を自ら封じてしまい、私たち自身の個人的な力を損なってしまいます。

四次元の領域においても、私たちの天才性は発揮されません。四次元情報も体現され得ない単なる知的情報に過ぎず、四次元は私たちの活動を抑えこむ精神的な刑務所に他ならないからです。四次元を超えたければ、まず情報源の出所を慎重に調べる必要があります。その発信者・情報が痛みや苦しみに根ざしていると、生命力に多大な損害を与え、健康、ハート、精神を損なう可能性があります。

要するに、内なる可能性・天才性を発揮するためには、五次元の現実の構造、五次元の優れたワーク（プラクティス）、五次元の体現、五次元の人生からあなたを締め出す誤った情報源を突き止め、その影響を意識的に排除する必要があるのです。

五次元という新しいフロンティア意識への移行は、非常に重要であり、真の知識とデータにアクセスするのと同時に必要不可欠なのは、それらを神聖なものとして実践し、維持することです。

そうすれば、五次元について知的に理解したり、熟考するのではなく、あなたの現実においてそれを生きることができます。あなたのビジョンが明確になり、そして現実となることによって四次元を超えていける、これが「現実での覚醒」です。

☆知性の限界

私たちが他者依存によって陥るのは、知性への偏りや盲信です。

知性とは、辞書によると「特に抽象的または学術的な問題に関して、客観的に推論および理解する能力」と説明されています。

この記述の虚《うつ》ろさは、三次元的な知性や過剰なデータによって現実が操作されている、私たちの社会の有毒なプログラムを反映しています。

とりわけ、知性は西洋では高く評価されていて、今の現実を永続させるために「学べば学ぶほど賢くなる」と信じ込まされ、そのため最も多くの知識を学んだ高学歴者に対してより高い価値や評価を与えるようになります。この知性主義こそが、三次元及び四次元に巣くう毒性の一つであり、人類の意識進化を阻んでいます。

私たちはしばしば、ハートから完全に切り離された知的情報に専念し、その結果、マインドとハートの間に分裂的な対立を生み出します。

これが元々知性に備わっている分断性であり、表面的にジャッジすることにより、善悪正邪、優勝劣敗、序列意識、差別意識、エリート主義等々の二元性を生む原因なのです。

この知性による二元性のために、私たちは人類進化の道を遠ざけてしまう可能性があるのです。それは知性を司るマインド（頭）に振りまわされて、ハートとの分離が起きるからですが、ハートとの分離が解消されない限り、私たちは人類の神聖さを理解できないからです。ハートとの繋がりは、神聖な五次元への道しるべです。

なので、私たちがハートから離れてしまうと、愛、包容力、一体感、思いやりなどの最も神聖なギフトを失うことがよくあります。ハートとの繋がりを保つためには、分断を生む知性や余計な知識を身につけないことが重要です。

三次元的な知性や四次元情報に惑わされず、いつもハートとの繋がりを保つようにしていれば、自分にとって役立たないもの、人類進化にとって役には立っていないものを直感的に見分けることができます。

誰もがこの素晴らしい才能を持っているにもかかわらず、その才能を封じて自分に対する貢献や進化を全く誤解しているような多くの知的人間と、これまで私は一緒に仕事をしてきました。

彼らの進化に対する考え方は、人間にとっての成長の旅は単に従来の教育と学習効果である、という誤った信念に基づいています。

従来の即物的な教育や学習は、真の癒し、変容、進化に沿うものではありません。

進化は、内なる自己承認と自己責任による問題解決、すなわち体験を通した自己発見や自己成長によってもたらされます。

しかし彼らは、承認と解決の内なるワークに専念するのではなく、自分以外の外側の研究だけに専念します。

彼らは、人生で学んだことを認めないだけでなく、表面的には霊性に関する知的情報を参照するかもしれません。

彼らはスピリチュアルなテーマのセミナーやトレーニングに参加するかもしれませんが、そこではごく一般論的な情報をたくさん詰め込むだけで、明らかに情報過多で、消化不良に陥っています。

自分自身のユニークな運命に深く耳を傾け、それに気づいて自ら具現化するのではなく、ただ時間とお金をかけて知識の量を増やし続けているだけなのです。

この空虚な旅は、彼らを真実から遠ざけます。

彼らにとって、五次元は、いとも簡単に扱えると勘違いしがちな、魅力的な概念として映っています。

そこでの彼らにとっての関心事は、人生の実践とは別次元、すなわち真の自己探求、自己発見、覚醒のための旅ではないのです。

なので、彼らはしばしば、ハートではなく頭で学んだこと、つまり現実の四次元バージョンにしっかりと結びつけられた虚構によって操作され、汚染されてしまいます。

そのため、彼らは五次元の現実へと移行できず、神聖な知性と人生そのものの目的に目覚めることができません。

＊＊＊＊＊＊＊＊＊＊＊＊＊＊＊＊＊＊＊＊＊＊＊＊＊＊＊＊
ライブフィードリアリティ（目の前の現実）チェック：知性に対する執着に注意してください。

リアルな現実の体験より、学歴や成績で他人や自分を評価してしまうのはどんな時ですか？

自分や他の人の中にある、四次元の知性に乗っ取られた部分に気づきますか？
＊＊＊＊＊＊＊＊＊＊＊＊＊＊＊＊＊＊＊＊＊＊＊＊＊＊＊＊

☆四次元のスピリチュアリティ

四次元は、スピリチュアルの分野においては精神的なウイルスであり、意識の進化にとっては最大の障害の一つです。

それは、体現されていない概念的で無力なスピリチュアリティとして現れます。四次元では、スピリチュアルなドグマと真実ではないことを用いて、一時的に三次元プログラムを停止します。そうすることで、「究極の運命に到達し、それ以上の進化はない」と考えるのです。

私たちはその過程で、進化する意識を捨てて、四次元波動に同調してしまったまま、非常に限られた現実の中に投獄されます。

これが、「私はすでに最高段階に至った」というエリート主義を生み出す原因であり、現にエリートと呼ばれる人々に、こうした四次元の精神性をしばしば検出できます。

三次元だけでなく、四次元の知識にも二元性や優越性があり、進化とは逆行するにもかかわらず、四次元情報に惑わされて、私たちはそれを疑いもなく愚かに受け入れてしまうのです。

しかし、四次元情報や四次元のスピリチュアリティは、真に意識的な人間として私たちを目覚めさせることはありません。

いかにもスピリチュアルな用語を用いて、未解決の問題と自我との対立を一時的に管理できるようなスキルがいくつかある、ただそれだけです。

四次元はあくまで頭の中だけの概念であって、覚醒して生きること、そして自らに責任を持つことからは切り離されます。

しかも、本人が四次元情報を無自覚にインプットしていて、四次元意識に気づく根拠を持たないがゆえに、それを正当に評価することもできません。

彼らはある程度の教育や経験はあるかもしれませんが、世界に影響を与えるための十分な献身、実践、変革を行っているとはいえないでしょう。

いくら四次元情報をインプットしても、自分自身が完全な内なるワークに入る準備ができていない限り、五次元という傑出した旅をすることはできないのです。

四次元意識においては、参加したセミナーの数や読んだ本の内容に基づいてその人の進歩度を評価しますが、それらは「今ここ」の現実（ライブフィード）には影響を与えることのない表面的な執着に過ぎません。

つまり、そのような意識でセミナーやワークショップに参加したり、本を読んだりすることは、私たちが現実に落とし込めない趣味の対象に過ぎないのです。そこには、日常生活で利用できる自分にとってのテクノロジーやプラクティスはありません。

何事も自分自身で具現化、可視化できてこそ、現実となります。そうでなければ、すべて頭の中だけの観念であり、架空の出来事に過ぎないのです。

このように観念的なものや霊的能力などに執着してしまうことは、本来私たちが持っている無限の潜在能力（天才性）やギフトを制限することを意味します。

霊的な体験にしても、一時的かつ表面的に人生を改善するかもしれませんが、人類への影響からは切り離され、意識の進化とは無関係です。

霊的能力を持つ人は、他の人を助けるという使命を感じているかもしれませんが、私たちの意識のすべてが現実となって現われるため、現実を五次元化するには霊的能力だけでは不十分なのです。

私たちは、利己的なドラマへの愛着を超えて、意識の進化と変容に対して真にコミットし、一人ひとりがユニークな運命を生きられるよう、恐れや制限、有毒なプログラムやストーリーを超えていく必要があります。

そして愛、一体性、ワンネスのために立ち上がるのです。その決意が私たちを神聖、魔法、神秘という新たな教育へと導いてくれます。

精神的な進化を促すこの新しいフロンティアの一部は、個々人の自由意志を認めて、それを意識的に確保することでもあります。

あなたがもしスピリチュアルな旅に真剣に取り組んでいるなら、あなたの自由意志と個人の自由を乗っ取るスピリチュアルの情報源に細心の注意を払ってください。

あなたが本物のスピリチュアルなワークを経験する時、それはあなたにこのワークが実際に本物であるというサインを必ず与えます。

それはあなたの人生に適用され、道しるべが示されるということですが、そうであるならば、メンターのワークを信頼できるでしょう。

但し、真実の基盤がしっかりしていないセミナーやワークの場合には、四次元の情報、教師、慣習などによって、いとも簡単に乗っ取られることもあるので、注意が必要です。

反対に、進化、愛、一体感への道を示すもの、またそれを実際に生き、共有しているメンターや道を示してくれる人のワークであれば、評価できます。それは波動で見分けがつき、現実としても目に見えるでしょう。

ここで、これまでの繰り返しの歴史、傷、および未解決の問題の投影は解決されなければなりません。これが四次元から五次元への進化です。

＊＊＊＊＊＊＊＊＊＊＊＊＊＊＊＊＊＊＊＊＊

四次元スピリチュアリティのサインに気づきましょう：ドラマ、痛み、苦しみへの過度の愛着は、真実、愛、そして奉仕し、力を与え、道を知り、照らす重要なギフトや能力に取って代わってしまいます。

＊＊＊＊＊＊＊＊＊＊＊＊＊＊＊＊＊＊＊＊＊＊＊＊＊＊

☆頭では理解できない神聖

四次元の知的理解を超えて五次元に移行することは、現実を正しく認識するために不可欠です。

もしあなたが受けてきた教育水準が高くなくても、あなたの精神的な知恵は天才的かもしれません。あなたがあなたのハートの中にある知恵の価値を知っているなら、決して他の人の知性に屈服させないでください。

私たちは知性に依存することによって、人生の「三次元の生徒」としてふるまいます。しかし、三次元プログラム教育は、スピリチュアリティと愛ではありません。本来のスピリチュアリティと愛とは、既存の三次元的な知識を超えたものだからです。

そもそも、神聖さとは頭で理解できるものではありません。

神聖なるものは、あなたが本当に目覚めているかを知っていて、知識だけで理解しようとする時、多くのものが隠されたままです。変革と目覚めの本格的なプロセスに踏みいることをしなければ、現実においてほとんど成功することはできません。

このように、知的化された現実は、真実ではないものを永続させ、恐怖を克服するための取り組みから私たちを締め出します。

一方、真実を求める人は、現在の現実だけが現実ではないことを知っており、学問ではなく経験に移行します。

これが表面的な現実と真のスピリチュアリティへの踏み込みの違いです。

☆変化することへの恐怖を手放す

私たちが本当にすでに知性的であるなら、この世界にそれが反映されているでしょう。しかし私たちは誰もがより人間的な経験と愛を未だに必要としているはずです。人間として本来経験するべきことや真の愛は、今の人類の集合的ストーリーよりももっと素晴らしくパワフルなものです。

ですが、私たちの知性が誤った方向に向けられると、私たちは私たちのハートから焦点を外してしまい、結果的に生命力が著しく低い状態に陥ってしまうのです。

これが低レベルの知性化による毒性です。これは、何かを意味のある、または革命的なものに変換することができず、単なる理論に囚われたまま、進化、情熱、ビジョンへの踏み込みを阻止します。

このように、知性に支配された自我は、あなたの能力を限界の中に封じ込めてしまうので、そこではあなたのビジョンを現実に変えることはできません。あなたのビジョンの実現化は、意識の変換と目覚めのプロセスを通して、自己の完成によってもたらされます。

これらの実践はハートを進化させ、存在の中心に愛をもたらします。これがあなたのビジョンを実現する方法です。

そのためには、過去のパターンに留まるのではなく、未知の領域に踏み込むことに期待を持って、変化することへの恐怖を手放す必要があります。これがエリート主義への執着を超える道です。

もちろん、有毒でしかない一般的なプログラミングを模倣する必要はありません。それはあなたのスピリチュアルな進化が遅いことを意味します。

ですから、ステレオタイプな情報はすべて疑問視し、粉砕してください。

そして、あなたの人生において、あなたの他の人に対するすべての考えや感情をつぶさに観察してください。そうすることが、あなたが最も啓発的な教育に参加することです。

あなたの人生に現れる「今ここ」の現実は、あなたの信念とそれがあなたにどのように影響するかについての真実を教えてくれます。

これは誤った認識から抜け出すための大胆な動きであり、ここからあなたは正しい認識を得て、真の目覚めに近づくことができます。

五次元は、真実ではない情報や誤った情報に対する執着を放棄します。あなたは真実が何であるかを評価し、知っていなければならず、あなたが誰であるかを知らなければなりません。誤った情報を超えて進化に沿った選択を行い、本能的に道を知って真実にナビゲートする、これが高次の認識です。

五次元の認識は私たちを真実へと引き戻してくれますが、知性は誤った情報と部分的な真実に私たちを誘うので注意が必要です。

そのように情報を明確に評価するには、あなた自身の意識を高め、意識自体を進化させる必要があります。

☆知的な教えは人生を変えない

進歩は、私たちが受けるメンターシップと、メンターから受けるワークの質にあります。親から子への影響、あるいは社会から個人への影響と同じように、指導者（教師）は生徒に大きな影響を与えます。

しかし、西洋の精神的な教えの多くは、知的な面だけに偏っていて、直接的な経験を重視することのないまま提供されています。

そのような知的な教えやドグマ、トレーニング法は、あなたの人生を変えたり、真に神聖な入口を創造したりすることはできません。

また、そのような指導者の関心事や議題はあなたの現実になり、しばしばあなたはそれを疑うことなく彼らの世界観を採用してしまう恐れがあります。

なので、あなたは誤った教えや知的に毒された指導者を無視しなければなりません。

あなたが進歩をしたいなら、覚醒しているファシリテーターが必要です。覚醒しているファシリテーターは、ステレオタイプな知的情報、そして「スピリチュアルな在り方」についての固定観念にさえ縛られていません。

ましてて、二元論やエリート主義に嵌まることなどあり得ません。

一方、エリート主義者は、三次元プログラムとステレオタイプを強化し、あなたを自らのパワーから締め出すため、エリート主義者と一緒にワークをしないことを選択する必要があります。

また、四次元の近視眼的な精神教育の弱点を常に疑問視するようにしてください。

それらをクリアに見抜けなければ、間違った指導者からあなたの現実や理解について教えを受けます。しかしそこには彼ら自身の癒やすべき未解決の課題があり、彼らを信じたらそれに影響を受け、あなた自身も人類の一員としてその課題を持ち運んだままになってしまいます。たとえあなたが個人的に耐えられたとしても、それでは集団の進化に貢献していることにはなりません。

現状においては例外的かもしれませんが、覚醒したファシリテーターは、常にあなたのユニークな人生経験を認め、進化の可能性を示します。そこでは傷の上塗りはありません。これは本物の癒やしです。

あなたのメンターは、人々が本当に痛みや苦しみから自由になるための奉仕の中にいなければなりません。そうであるならあなたは、自分の過去と未来との健全な関係を築き、神聖でスピリチュアルな旅路を創り出すことができます。

あなたの運命に沿って傷とビジョンの両方を特定し、抱きとめることのできる指導者が求められているのです。

本物のスピリチュアルティーチャーは、あなたが人生に深く参加し、個人的な責任や感謝をベースとして進化できるように、あなたが最高の波動の運命を辿るように誘います。

あなたに道を示すことができる指導者に出会うと、あなたのユニークな旅の可能性は前例のないものになります。あなたの神聖な内側の扉が開いて、時間の構造と有毒な慣習を突破し、あなたの輝かしい未来を知ることができるでしょう。

これは、強力で完全な五次元のメンターこそがあなたを支え、現実を再定義できるということであり、それが五次元の現実のスイッチとなります。

これらの運命の戦士は、あなたが誰であり、誰になりえるかを映し出します。

五次元の指導者と一緒にワークをすると、彼らはあなたの内側に呼びかけ、あなたの道を照らします。彼らはあなたの痛みに入り、あなたの傷を解決し、あなたの夢を認め、あなたと一緒に歩きます。

彼らは進化と変容の機会を認めながらも、あなたの自由意志を完全に尊重します。

私たち一人一人が独自の波動・周波数を持っているので、進化のためにはあなたの指導者の波動に耳を傾けることを学ぶ必要があります。

こう自問してください。「彼らは私をより大きな真実と自由の中に連れて行ってくれるだろうか？　私の選択を認め、尊重してくれるだろうか？」

あなたのハートが「イエス」と答えたならば、その指導者はあなたを五次元の現実へと導くことができるでしょう。

☆瞑想が四次元に導かれないように

「ほとんどのヒーリングやスピリチュアルの手法やテクノロジーが、日常生活の中で変化を維持できるほど十分に強力ではないのはなぜだろうか？」

このことを私は30年間にわたって問いかけ、探求し、研究してきました。

私が常にクライアントを介して経験しているのは、二元性を強化し、三次元や四次元の歴史をそのまま三次元や四次元の未来として永続させ続けているプラクティスです。四次元という効果的ではない、人生に実際的な影響を与えない方法で多くのクライアントがトレーニングを受けています。

私たちはしばしばそのことに気づいてはいますが、自分自身を超えて教育するチャンスに遭遇しない限り、四次元を超えるきっかけが与えられません。

これらの表面的なプロセスは、私たちの現実の創造と具現化、または困難な状況に対して適切な対処とサポートを与えることはありません。

特にアプローチがアカデミックなものであるなら、四次元止まりで、あなたの生命力は活性化することはなく、進化に繋がるものではないため、その方法が実際に生命力を高めるものかどうかを見極める必要があります。

あなたを「現実化しない夢」にロックしたまま、一時的な解決または誤った認識にあなたを連れて行くので、そのような非効率的で表面的な従来のプラクティスに要する時間を無駄にすることになります。複雑さは私たちを奴隷にする装置であり、私たちは複雑なプラクティスに執着しがちですが、あなた自身のプラクティスでは、この執着を削除する必要があります。つまり、長い、表面的なプロセスを手放すのです。

3分間瞑想するのに、本来マニュアルなどは必要ないにも関わらず、巷には瞑想に関する知的な解説が書かれたマニュアルがたくさんあるということです。

マニュアルに書かれた手順を頭で理解しようとするのではなく、実際に呼吸を通して瞑想する、つまり、瞑想を体現し、あなたの中で瞑想反応が起こることが、瞑想をするということです。瞑想やその他の習慣が、四次元に導かれないようにしましょう。四次元への執着を手放すことは、グラウンディングされたエンパワーメント（能力開花）と進化を促すことであり、これが、ソース、情報、データ、信念を再評価する必要がある理由です。

五次元。この次元では、四次元のような効果のない慣習や一般的なパラダイムを超えており、それゆえ表面的または一時的な停止状態に陥ることもありません。

そのためには、第一章で紹介したようなしっかりグラウンディングした瞑想をする必要があります。「今ここ」の力を否定する癒やすべき課題をしっかり見直すために、継続して行い、さらに一瞬一瞬の自己観察に適用しましょう。常に自分をモニタリングし、セルフケアや物事への対応の仕方に役立てるのです。

一般的なデータ、操作された使い古された知識、または他者の誤った情報や無意識のコントロールなど、これらの制限を受け入れる必要はありません。

五次元は、私たちを天才的な意識と人間の可能性の新しいフロンティアに連れて行きます。目覚め、力を与え、真実に生き、私たちが誰であるかを知り、疑問を乗り越えて行くために新しい教育の旅を選ぶからです。

これは、現在の世界と人類の癒やしの危機に対して、奇跡的な解決策にアクセスする謙虚で強力なリソースです。今という時代のための神聖な鍵です。

エリートの権力構造による情報操作と大衆の奴隷化から解放するためのナビゲーションであり、私たちが自分自身を知っている時、真実を知っている時、私たちは真実に基づいてナビゲートすることができ、道を照らすことができるのです。

＊＊＊＊＊＊＊＊＊＊＊＊＊＊＊＊＊＊＊＊＊＊＊＊＊＊

ライブフィードリアリティチェック：あなたが行っているスピリチュアルプラクティスを全て棚卸してみましょう。

あなたが自分自身に本当に正直になった時、本物ではない、または表面的な習慣がありますか？　あなたがしがみついているスピリチュアルな決まり文句の中で、この現実に実際に適用できないものはありますか？　これは自分への挑戦かもしれませんが、このような自問自答をしてみると、真実から自分自身を切り離している場所を発見するかもしれません。

私たちの物語への執着と繰り返されてきた慣行は、通常、進化と変容を促進するものではないにもかかわらず、私たちはこれが正しい内なるワークであるという信念に執着するかもしれません。したがって、未解決の問題を自分にも他者にも投影し、汚染し続けます。私たちの内なるワークへの投資は、確実に進化へと導かれなければなりません。これらの道しるべは、あなたが人生という旅のどこにいようとも非常に重要です。

＊＊＊＊＊＊＊＊＊＊＊＊＊＊＊＊＊＊＊＊＊＊＊＊＊＊＊＊＊＊＊

三次元と四次元を現実からデトックスすることを見てきたので、次に、五次元の現実に移行して安定しているのがどんな時なのかを認識するのに役立つツールを見ていきます。

《この章のまとめ》

知性

●五次元を体現するための最大の障害の一つは、知性、知識、理論、データへの過剰なこだわり。

●知性は西洋では高く評価されており、私たちの三次元の現実を永続させるのは、「学べば学ぶほど賢くなる」という知性に対する誤解。

●私たちはしばしば心から完全に切り離された知的情報を学び、マインドとハートの間に分裂をつくる。

●知性に過度に頼るとき、私たちは独自の運命に深く耳を傾け、受け入れ、具現化するのではなく、増え続ける知識の塊を収集する。

●**ライブフィードリアリティチェック**：知性に対する執着に注意する。

四次元のスピリチュアリティ

●四次元のスピリチュアリティは、「実際にそれを生きていない」という状態、概念的で無力である。

●四次元では、精神的なドグマと非真実を受け入れて、三次元プログラムを一時的に停止する。究極の運命に到達し、それ以上の進化はないと考えてしまう。

●四次元のスピリチュアリティは、エリート主義と優越性を通して見分けられる。

●四次元スピリチュアリティは、体現された意識と自己責任から切り離される。

●四次元スピリチュアリティでは、参加したセミナーの数や読んだ本の内容に基づいて進歩を評価する。

●四次元スピリチュアリティは、ライブフィード（目の前の現実）や事実に大きな影響を与えない。

●四次元スピリチュアリティのサインに気付きましょう：ドラマ、痛み、苦しみへの過度の執着は、真実、愛、そして奉仕し、力を与え、道を知り、照らす重要な贈り物や能力に取って代わってしまいます。

スピリチュアルファシリテーター

●私たちが西洋で遭遇する霊的な教えの多くは、知性に偏っていて、直接の経験なしに提供される。

●誤った教えや指導者を無視する必要がある。彼らが刷り込みを行っている時、彼らの議題が現実になり、しばしば疑問を抱かずに彼らの世界観を採用するからである。

●目覚めているファシリテーターが必要。ファシリテーターは、一般的なステレオタイプや、「スピリチュアルな在り方」についての固定観念に縛られていない。彼らと共に、進化、愛、精神性の新しいフロンティアに入ることができる。

●五次元の指導者（ファシリテーター）と一緒にワークをした場合、彼らは共に歩きながら道を示し、あなたを招いていく。

四次元プラクティス

●複雑さは私たちを奴隷にするデバイスであるため、私たちは複雑な実践に執着してしまう。

●自分の練習では、その執着を手放す必要がある。これは、長い、表面的なプロセスを手放ことを意味する。

●瞑想やその他の実践が四次元に導かれないようにする必要がある。

●四次元プラクティスは、今ここ、この地上で能力を開花させること、そしてそれを「本当に知っている」「本当に生きている」という状態から私たちを締め出してしまう。

ライブフィードリアリティチェック：あなたが行っているスピリチュアルプラクティスを綿密に調査します。あなたが自分自身に対して本当に正直になった時、本物ではない、または表面的な習慣がありますか？

第3章

五次元の現実をオンにする

これまでの章では、まず五次元の説明に加えて、三次元と四次元を現実からデトックスする方法を検討しました。

そこでこの章では、三次元または四次元にいる場合に何が起きているかを確認し、五次元に戻る方法を確認するための主なツールをシェアしたいと思います。

これらのツールは、五次元の現実が世界の中心に現れるように、五次元をしっかりと現実に固定し、一貫して五次元で生きられるようにあなたを助けます。

これらのツールは、「気づき」と「高波動」であり、またそれらを同時に使っていくことが大切です。その感覚をつかむことで、三次元または四次元にとらえられても、あなたはすぐに五次元に戻ることができます。

気づきと高波動は別々のように見えますが、時間が経つにつれてそれらを統合できるようになり、あなたの意識そのものが愛と叡智の資源になって、五次元で継続的に自分自身を拡大することができるようになるでしょう。

☆気づきは自己認識の実践によって得られる

気づきは、五次元の現実をオンにするスイッチです。

気づきの力をうまく高めることができると、三次元で乗っ取られた場所や四次元による知的理解に捕らわれた場所を認識するための最も価値のあるツールが身につくので、いつでも意識を五次元に戻すことができます。

そのようにあなた自身を奴隷状態から解放するためには、あなたの献身的な自己認識の実践が絶対に重要です。なぜなら、気づきは自己認識の継続的な実践によって高めることができるからです。

そして、私たちは、日常のあらゆる瞬間に高度な気づきの力をオンにしておく必要があります。「現実」は非常に巧妙に操作されているので、常に気づいていないと、三次元や四次元の現実に囚われたまま、何も気づかずにそれを真実だと思い込んでしまうのです。

一方、あなたが常に意識的に生きていると、有毒なステレオタイプから解放され、進化の方向に導かれます。つまり、意識し気づいていることによって、奴隷化と操作を排除し、現実の課題と制限を切り抜けて、進化と変革に進むことができるのです。これは、そもそもあなたの気づきの力そのものが多次元的なツールであることを意味しています。

それはあなたの感性、真実のコンパス、本能、そして直感であり、そのような内部からのささやきに深く耳を傾けることが五次元意識をオンにすることに繋がります。

なぜなら、内なる叡智《えいち》はあなたにインスピレーションを与える天才的なソースであり、創造的な先見の明を持って行動する力を与えてくれるからです。

そしてまた、表面的なものへの囚われからあなたをより高次なもの、進化へと導き、あなたが誰であるか、そしてあなたのプログラミングがあなたの現実をどのように作成し、影響しているか、その真実を知らしめてくれるでしょう。

☆「現実での覚醒」としての気づき

自分の現実、つまり、今のあなたの現実（生きる次元）が三次元や四次元から五次元に変わる（次元が上昇する）ことを体験したいのなら、あなたは真に進歩的な変容、進化、気づきの力の向上にコミットしなければなりません。

しっかり焦点を絞って、気づきの力を活性化させることが、進化的な意識と変容への神聖なゲートウェイになるのです。気づきの力が活性化すると、過去の習慣や三次元の時間を打ち破って、あなたは愛と人間関係を見直し、そして人類のあり方を見直すことができます。

そこで、あなたは実際に変化した意識と現実から、新しい視点でこれまでの人生と世界を眺め、感謝するでしょう。

あなたが繰り返し自己認識のプラクティスを行うことが、あなたの目覚めの旅の強力な味方となって、より本来の自己と繋がり、波動を進化させ、生命力にあふれて生きられるようになります。

あなたが自らの気づきの力に火をつけたなら、三次元と四次元の現実に囚われているだけではなく、健全で創造的な方法で認識しながら、五次元に移行するように再構成して解放することができます。

このように、気づきの力は、すべての物語と現実を認め、それに立ち向かうことができる可能性を秘めているのです。自らのユニークな役割、運命に耳を澄ますことによって、天才的な高波動をそこに見出すことができます。私たちの本来の運命とは最も神聖で、かつもっとも現実的な召命であり、すべての人の真実です。そこには、三次元や四次元の投影は一切ありません。平和と気づきが同時に存在しています。そして他者に道を示すために自らの光のスイッチをオンにします。

あなたの気づきの光が、高波動の運命へと続く道を照らしています。あなたがあなたの最高波動の運命の導きにコミットする時、神聖な真実が人生に顕著に現れます。

あなた自身が神聖な真実だからです。あなたにはエリートの権力構造による操作や仕組みを解体するための力の源があり、それを大胆に行うことができます。

これは、今という時代の人類に与えられた奇跡的なチャンスです。

あなたの意識的な選択がそのチャンスを可能にします。それはあなたにとって、あなたの意識の自由度をより高めるかどうかの選択です。

あなたが常に自由を選択することに専念していると、必ず変革が起こります。なぜなら、私たちは人類進化の道を変える管理人であり、これは汚れのない神聖な、高波動の、体現された意識によってのみ達成できるからです。ここに五次元戦士の進化があります。

☆三次元と四次元における気づき

気づきは「現実での覚醒」を促すものですが、従来の「気づきのトレーニング」には有毒な執着があります。それは多くの場合、気づきのトレーニングとは何か？　についての混乱があるからです。

この誤った情報の多くは、私たちの意識の天才性・可能性を無視し続けています。

ここにも、エリート支配層によって製造されたステレオタイプがあって、真にインテリジエントな変容と進化のトレーニングを意図的に乗っ取った有害な操作手法が見られます。

一般的な気づきや意識トレーニング法の多くは、四次元のデータが用意されており、この教育では実践的な献身については明らかにされていません。

むしろ、意識の進化に伴う神聖な繋がりを損なうような教育内容であり、これらの空疎な物語を覆《くつがえ》すには、「現実の革命」を起こさなくてはなりません。

空疎な四次元の現実ではなく、神聖な五次元の現実へと移行することです。

神聖な繋がりは、意識の奴隷化を無効にする進化の高波動であり、それを達成すると、奴隷化に使用されるテクノロジーから自分自身を切り離すことによって、自ら現実を創り出す方法に革命をもたらします。奴隷化は、人類の傷を永続させるために作られたストーリーに対する執着によって生まれます。

そして、ここでは、私たちの意識を簡単に操作することができます。ここで私たちは、痛みと苦しみは容認できるというコンセンサスに簡単に納得してしまいました。

永久に三次元に乗っ取られると、生命力が枯渇し、多くの場合、自分のパワー、希望、天才的な解決策、独創的な洞察などから切り離されます。三次元は、進化の一時停止を強化するだけでなく、他の人に意識的または無意識的に悪影響を与えるマントラになります。

このように、私たちの自由を制限するプログラミングとエリート主義を強化する三次元教育に執着すると、精神性を向上させることはできません。

また、誤って三次元教育に執着する生徒だけでなく、同じように教えるメンターもいます。頭による暗記（知的理解）に基づく三次元教育で、情報を表面的かつ過剰に理論化することはできますが、そこには内面的な気づきの向上のための有効かつ実践的なトレーニング法がないため、「現実での覚醒」に向けて前進する能力は身につきません。

つまり、五次元への移行は、三次元または四次元の汚染を超えた進化の先にあるのです。そのために、三次元や四次元の陥りやすい欠陥を意識しておく必要があるのです。

三次元の欠陥のあるトレーニング構成は、自分に気づいていることからロックアウトし、真実と非真実の観点から誤ったコンパスを作成します。真実と真実ではないことの違いを識別するには、マスメディア操作でもたらされる一般的な三次元の情報やデータ、知識や常識を意識の中からデトックスする必要があります。

私たちはもっと意識の水準を上げて、常に高度な気づきとともに、自分たちの人生経験と情報源がどう関連しあっているかを理解するように努める必要があります。

☆気づきと内なる声の聴き取り

そのためにも、巷に氾濫しているごく一般的なスピリチュアル系のトレーニングの欠陥を知っておくとよいでしょう。それらの多くは、私たちが誰であるかを真に知ることや、神聖なるものとの繋がりに欠けている、ということに気づくことはとても重要だからです。

私は、あなたに進化を加速していただきたいと願っています。

それは、あなたが自分自身を認識し、評価し、あなたが誰であるかと、自らの歴史に責任を持てるということを意味し、そうすればあなたはもう自らの意識の限界に閉じ込められることはありません。

そのためには、まず自分の内なる声に常に耳を傾ける必要があります。内なる声を聴くことを怠ってしまったり、自分自身に深く耳を傾ける方法を教えてくれるスピリチュアルなメンターに助けられなかったとしたら、私たちはスピリチュアルな危機、癒やしの危機に直面するからです。

内なる声の聴き取りについて学ぶ最も究極の機会は、困難な課題に直面した時です。

そこで、ハートに向かって「この出来事が私の運命について何かを伝えようとしています。

これを通したより深い人生の教訓とは何ですか？　どんな可能性が眠っていますか？」と立ち止まって耳を傾ければ、あなたがより前進できる新たな旅への道が示されることでしょう。

気づきの力を使って、あなたの意識が限界という乗っ取りを受けている時を、目の前の現実を通して見極めるのです。そして内側に時間と空間をつくるという非常にシンプルな方法で、内なる真の声を聴くことによって、もっと素晴らしい道のりを選択することができます。

☆意識の向上に向けて実践する

とりわけ、今という道に迷いやすい困難な時代には、あなたが誰であるかを知ること、そして進化させることが必要不可欠です。

何が起ころうとも、あなたはワンネスであり光です。気づきの力をフル活用して、どんな時も自分の内側でその聖なるものに繋がるために耳を澄まし、道を見つけてください。

この実践を続けていると、これまでの二元性に基づく無意識的な反応を意識的に変えることができます。あなたの現実の中で何が起こっても、あなたはワンネスに戻れることを理解し、日々の中でこの方法を活用できるようになります。

自己の内なる高波動を感じ、五次元が何であるかを正確に理解して、現実の認識を新たにし、三次元の有毒なプログラムに戻った時にもその波動と意識の変化を認識できるように、気づきの力を使えるようになります。

つまり高度な気づきの力によって、すべての三次元プログラムを解決する変換のプロセスをつくるのです。資源を汚染し、生命力を浪費させ、人間の可能性を制限する考えや感情を気づきの力で認識し、これらの有毒な考えや感情の変換に対して継続的に挑戦するのです。

このように、日々、一瞬一瞬、自己観察することによって、あなたはこれまであなたの現実を定義してきた支配的なプログラミングを無効にできます。

三次元のロックを解除すると、痛みや苦しみから離れ、五次元の愛と進化を体現することができ、それによってあなたの現実はこれまでとは全く異なる動きを見せてくれます。

気づきと意識向上のためのプラクティスを続けることによって、あなたの意識そのものがあなたの人生を創造し、自分の意識次第で自分の人生を変えられることを知ると共に、五次元の現実をもたらす道しるべに気づき始めるでしょう。

これが五次元の認識です。

●日に日に高い波動の人々と結びつき共鳴するようになります。
●人生の道しるべとシンクロニシティがより多く現れます。

●マインド（思考レベル）とハート（感情の知性）が進化します。
●深い神聖な繋がり、一体感、平和を感じ、あなたは人生のすべてを歓迎します。
●三次元の現実の奴隷ではなくなりました。
●あなたの運命は深い目的と意味とともに解釈されます。
●あなたは至福に満ちた状態をたびたび経験します。
●積極的に世界に影響を与え、人生のあらゆる次元で愛と豊かさを引き付けることができます。
●最も神聖な運命と存在に対するあなたのビジョンは、現実として現れます。
●あなたは自由です。
●愛、知性、生態、奉仕、人類、地球を見直します。

この認識プロセスを常に保つことによって、五次元の現実、すなわち「現実での覚醒」を加速できます。このスペース（次元）では、生命力を容易に再起動し、あなた自身が現実への影響に対する責任を負うことができます。

あなたは謙虚に、認識能力を活用し、考えや感情を認め、それを修正し、進歩させます。

あなた自身の旅の中で本当に正直でいることができ、本質的に進化していくことができます。

また、あなたがチャネリングした情報や天才的なインスピレーションが実用的になり、新しいフロンティアの次元が前面に出て、それによってあなた自身がその叡智と新しい現実の構造に継続的に繋がっていることができ、力を与えられます。

このように、五次元では神聖な繋がりを進化させます。これは、過去の慣例を打ち破る奇跡の現実です。あなたのマインド、ハート、肉体（生態）は絶えず進化し、変化します。神聖な叡智に記されているように、あなたはスピリチュアルを現実において経験します。これは真実を求めるすべての人のビジョンです。

＊＊＊＊＊＊＊＊＊＊＊＊＊＊＊＊＊＊＊＊＊＊＊＊＊

アクションの実践

この機会によりパワフルになって、あなたの思考や感情への観察力を目覚めさせてください。

それらは自分と世界の間の架け橋です。

「私の思考や感情は、私を世界と繋がりのあるものにしているか？　それとも分離させているだろうか？」

三次元や四次元の理論をチェックし、それに疑問を持ち、進化していないテクノロジーや戦略を削除します。

あなたが練習していることについて厳密に考え、これまであなたが信じていたことを疑問視してください。

簡単な質問は、「今日の私の人生の◯◯な場面において、私はどのように反応したか?」です。

毎日、◯◯な場面を変更して、問いかけます。

この繰り返しによって、私たちは真実の自己を知り、受け入れることができます。

また、人生は信じられないほど充実していることを思い出させてくれます。

私たちが執着してきた四次元マントラがどのように説得力してこようとも、私たちは人生を歓迎し、現在信じているものを進化させることができるのだと教えてくれます。

****

☆あなたの身体と意識

あなたの身体の状態、生命力、健康に関する課題は、五次元で生きる道しるべでもあります。したがって、あなたはあなた自身の身体にしっかり根ざし、常に意識を向けておく必要があります。

これは、三次元、四次元、五次元のそれぞれが身体に与える影響に非常に敏感になることを意味します。これは変容と進化のためのパワフルな道しるべとして、あなたが運命と人生の教訓を健全に認識しているか、不健全に認識しているかを示しています。

肉体には素晴らしいものも、そうでないものも、健全なものも不健全なものも記憶されていますが、五次元の影響を身体に記憶し、定着させるには、あなたができる限り最高の人間である自分自身の真の姿を意識することです。

それは古いパラダイムの「完璧主義者」の幻想ではなく、「まっさらである」という新しいパラダイムの存在で、あなたは身体を通して、それを体現できているかどうかを体感として知ることができます。

あなたが意識を向けることによって、あなたの身体は素晴らしい現実への指標になります。それを正しく理解することが強力な変革をもたらします。最初は五次元を垣間見るだけかもしれませんが、五次元の波動とその共振を体で感じるよう、あなたの気づきの力をフルに活性化していくことが重要です。

五次元のスイッチがオンの時、文字通り「私の意識が現実を形作っている」という強力な自己認識があります。これは、従来の三次元プログラムの現実とは異なる次元に調整されていることを物語っています。これが個人的にどのように示されるかは、独自の波動によりますが、五次元意識のスイッチオンが一貫して認識できることが重要です。

五次元では、あなたの身体のすべての細胞があなたの運命とより高い目的と神聖に調和し、あなたよりもはるかに大きな生命力と知性に繋がっているように感じるかもしれません。また、潜在的な可能性や創造性が、拡大し続ける波に乗っていると感じるかもしれません。

一体感（ワンネス）を認識したり、大きな希望を感じることもあるでしょう。

五次元は、そのように信じられないほど激しく変容を促す進化的な波動であり、それは同時にとても静かに堅実で平和な状態として体験できます。

五次元を経験すればするほど、あなたは簡単にそれを識別できるようになります。また、五次元トレーニングをたくさん受けるほど、革新的な現実のスイッチをオンにできます。

こうしたイニシエーションは、私たちが宇宙のその先へと入っていく入り口となるポイントです。

ここで、私たちはもう一人ではないことがわかります。

私たちは愛され、導かれていることを知っています。

これは人類の真の進化の旅であり、新しいフロンティア教育の始まりです。これが五次元との繋がりであり、神聖な現実です。

☆概念化された自我の執着は四次元へと戻る

私が出会うほとんどの人にとって最大の課題の一つは、彼らが五次元覚醒の経験を持ちながらも、それを頭の中で概念化してしまうことです。

そのような自我への執着により、強制的に五次元から切断され、四次元に囚われます。そこでは、四次元情報が最も説得力を持ちます。なぜなら、知的化されたスピリチュアリティでは、五次元を体現していないことを常に認識しているわけではないからです。それだけに、深く体現された高波動である五次元の認識を深めることによって、表面的には微妙な差異に見えたとしても、四次元との大きな違いを見つけることがとても重要です。

四次元では意識を理論化できますが、より細心の注意を払うことによって、真に拡大された多次元の意識と現実が認識できるようになり、そこで偽造された現実を見抜いて五次元の現実と再び繋がることができるのです。

もちろん、これは人生のさまざまな場面において実際に目に見える形で現れます。

私たちの中のマインド、ハート、生命力といった天賦の能力がすべて一丸となって、それを見分けられるよう私たちを導きます。このように私たちが「体感していること」こそが、私たちを観念的な四次元から五次元の可能性へと超越させていく鍵なのです。

五次元の現実が四次元や三次元に乗っ取られると、身体の働きも低下します。三次元では、身体は「乗っ取られた」という具体的な兆候を示します。不足、制限、苦しみ、引きこもり、エネルギーの消耗、抑圧、分離のすべての症状は、まさに体感として現れるサインです。

これらの微妙な、または大きな変化に意識的に注意を向けることで、エネルギーフィールドや身体の中で三次元の刷り込みのある場所（部位）を認識し、乗っ取りの背後にある低い波動とプログラムを特定して意識的にコントロールすることができます。

つまり、あなたがしっかり身体に入り、参照点とすることではじめて、自らを内側から変えるという本質的な正しい道を歩むことができます。身体と重力を通して、あなたのビジョンと運命をしっかりホールドすることで、五次元への転換は行われます。

重力というのは、意識によって現実を創り、具現化を行う際に利用できるものです。重力がスターゲートを開くので、そこから宇宙の叡智やエネルギー（高波動）を取り入れることができるのです。

一方、意識が切断状態（三次元および四次元）にいる間は、心身のプログラミングを見直しできません。しかし、そんな時にも意識を身体に向けて、「私は自分のプログラミングを認めますが、真実の私の姿はそれ以上です」と再認識することによって、古いプログラムを解除することが可能です。

この設定を繰り返すことで、あなたの自己認識は進化を生み出します。つまり、あらゆる制限を外して、天才性を秘めた自己認識が深まるわけですが、それにつれて、あなたはこのシンプルで神聖なプロセスとその結果を頻繁に目撃するようになるでしょう。

意識が高波動にシフトすると、自己承認という真実の自己に対する認識と進化の兆しが現れます。こうして、やがてあなたは自由になります。

それはグラウンディングされた本物の目覚めであり、そこにおいて、あなたはあなたの現実、そしてあなたの意識と進化に影響を与え、自らそれらを管理します。

☆一瞬一瞬の練習としての気づき

三次元の低波動プログラムをノックアウトするたびに、あなたはより大きな自由に対する権利を獲得します。そしてそれは時々刻々と認識される必要があります。

ブレークスルーと再起動を繰り返しながら、人生を動かし、進化させ続け、高波動に重点を置き、意識の変容による五次元顕現の範囲を継続的に拡大していく必要があるからです。そこには、挑戦と不確実性がありますが、それらはあなたが個人的に、そしてより広いレベルで人類がもはや低波動に乗っ取られないことを選択しているのであって、そのことをよく認識してください。

このことを念頭に置くならば、あなたの内なるワークはより高い波動を呼び出すチャンスとなり、革命的な運命をもたらすことでしょう。

意識向上のトレーニングには、基本的に2つのルートがあります。

1つ目は、五次元を定着させるプラクティスを頻繁に実行することです。

第1章では瞑想のプラクティスを使用しました。頭…ハート…足（35ページを参照）。この方法や他のプラクティスを定期的に実行することで、あなたは自らの身体と現実にしっかり根ざしながら、波動を変化させ、五次元の中に安定していられるようになっていきます。

私たちが取り組む2番目のルートは、より正確に「ナビゲーションプラクティス」と表現できます。これは、私たちが五次元にいない時を認識するために気づきの力を高め、そこに戻る方法をナビゲートできるようにすることです。私たちの人生経験と反応を利用して進化とは何かを認識し、それを選択します。
この気づきの力によるナビゲーションは、神聖な繋がりを強化する内なるワークであり、人生のさまざまな場面におけるこの継続的なプラクティスは、私たちに深い認識と変革をもたらします。

☆それぞれの次元を認識するための自問

次の質問は、あなたが、三次元、四次元、五次元のどこから現実を形作っているかを明確にするのに役立ちます。

五次元はあなたの体感としてどんな感じがするでしょうか？
五次元にいる時、あなたはどのような意識の質に気づきますか？
たとえば、最高にイキイキしている、平和、思いやり、愛、楽観など。
どのような身体的感覚に気づくでしょうか。

たとえば、ハートで導かれている、知性が広がっていく、パワフルな生命力、物事を予知できる、すべての細胞が拡大し癒やされていく、より大いなる存在の一部であるというハートの感覚、など。


次は四次元です。

四次元はあなたの体感としてどんな感じがするでしょうか？

あなたはハートが分離の中にあり、三次元的な知性が支配している時、それに気づいていますか？

四次元ではどのような身体的感覚に気づきますか？

たとえば、実際には覚醒していない感覚など。

四次元ではどのような意識に気づきますか？

たとえば、優劣にとらわれる、独善的、現実からの分離、未解決の有毒なプログラミングの投影、ドラマ、恐れの投影、マントラなど。


次は三次元です。

三次元はあなたの体感としてどんな感じがするでしょうか？

どのような身体的感覚を経験しますか？

たとえば、疲労、無関心、未解決の感情、制限、プログラミングからの行動など。

三次元ではどのような種類の意識に気づきますか？

たとえば、恐怖、無力感、気づきの力のスイッチがオフなど。

希望と生命力を損なう有毒なステレオタイプ、固定観念やマントラに投獄されていますか？

あなたは受け継がれた家族の未解決の歴史を繰り返していますか？


これらの質問は、三次元／四次元／五次元の認識とナビゲーションを明確にし、進化させるのに役立つように設計されていますが、これらの現実がそれぞれはっきりした輪郭を持っているわけではありません。

たとえば、睡眠不足などで身体的に消耗する可能性がありますが、それでも五次元に深く繋がることはできます。同様に、あなたは物理的な運動によって非常に活気づけられるかもしれませんが、それでも三次元思考に縛られていることがあります。

私たちは誰もがこれらの「変動する現実」を経験しているわけですが、だからこそ私たちの一瞬一瞬の実践が、進化とエンパワーメントにおいてたくさんの選択肢を保証してくれます。なので、私たちはより多くの可能性を具現化し、より自己の旅を素晴らしいものにするために、他の何ものでもない、自分自身の気づきの力によるナビゲーションに素直に従う必要があるということです。

気づきの役割の一つは、あなたのハートとマインドの精妙な感性と繋がっていられるようにすることです。あなたが高い波動にいる時、三次元に乗っ取られそうになったらそのサインを決して見逃さないようにしてくれます。また、エゴではとらえられなかった新しい進化のチャンスや奇跡的な運命を見逃さないのです。

☆ライブフィード（目の前の現実という生放送）

あなたの身体、マインド、ハートで何が起こっているのかを認識することに加えて、別のレベルの認識があります。

それは、あなたの現実で発生している「ライブフィード」です（詳しくは後述）。

三次元であろうと、五次元であろうと、あなたがいる次元はすべてのものと共振共鳴し、すべてあなたの現実の中に反映されます。

気づきの力によって、あなたの現実が三次元、四次元または五次元のどの現れを反映しているかを認識できます。

三次元では、制限、障害、不足の世界をミラーリングしますが、五次元に入ると、拡大、道しるべ、およびシンクロニシティの世界をミラーリングします。

このように、あなたの人生のライブフィードは、あなたの意識の質を映し出す鏡です。逆に言えば、あなたには、可能な限り最高のバージョンを選択し、それぞれの瞬間にあなたの最も神聖な質を選択する自由が与えられているということです。

この気づきのナビゲーション、そして現実への反応を切り替えることによって、自分が誰であるかを選択できる力の源が自らの内にあることを思い出すことができます。

最も重要なことは、日常生活で三次元／四次元を解決するために、それが日常生活でどのように現れるか、それをあらゆる瞬間に認識しながら、意識的な選択に取り組むことが必要です。この作業に真摯に取り組むには、三次元または四次元の明確な認識が必要です。それが五次元へ戻るための参照点となり、ナビゲーションとなります。綿密な気づきの力があれば、どの場面でその舵取りが必要なのか、ライブフィードを通じてすぐにわかります。

☆行動中のライブフィード

ライブフィードは、日々の生活の様子を刻々と示します。三次元でも五次元でも、あなたの思考、感情、執着しているストーリーが絶えずあなたの現実を創り出しています。この目の前の現実こそがあなたのライブフィードです。

ここは、あなたの変容と進化の可能性を定義するキャンバスです。完全に体現された五次元の高波動に到達すると、現実の可能性が新しい時間構造の中で具現化し、ナビゲーションが加速します。するとあなたの神聖な運命が到来し、それによって、ツインフレーム（魂を分けた相手）とソウルフレーム（魂の仲間）と出会う可能性が生まれます。

そのあなたが最も共感しあえる存在は、あなたの目的とあなた自身を愛情深くサポートしながら、前例のない新しいパラダイムを共に築いていくことになります。

五次元に入ると、引き寄せの法則を超え、人生のあらゆる次元で神聖な可能性そのものを生き始めます。あなたは天才的なハートとマインドで、既存の価値観を見直し、有毒な物を変換します。

☆三次元ライブフィード

三次元ライブフィードは、人生の一つの側面、またはすべての側面に現れます。あなたの旅、人生の局面はユニークです。

三次元の関係におけるライブフィードには、愛ではない、有毒なトラウマの投影、条件つきの三次元の愛が含まれます。

すべての型にはまったジャッジや旅、分離、葛藤《かっとう》、断定、そしてあなた自身や他の人に対するフィルターや制限のある信念は三次元に存在します。

あなたの関係性において三次元が支配的な場合、ライブフィードは、争い、投影、誤解、ドラマ、フラストレーションとともに、未解決の歴史と家族の歴史を繰り返し反映します。

多くの場合、私たちは深いトラウマを投影して、愛するチャンスのある人を拒んだり、否定したりしますが、そうしている間に、愛の夢が遠ざかってしまいます。

あなたの仕事、キャリア、そして豊かさにおいても、あなたがあなたの運命と深く繋がっていない時、三次元はあなたのライブフィードに現れます。

あなたは自分の仕事やキャリアにおいて重要な役割を果たしているにも関わらず、自分の低い価値を信じるように教え込まされた三次元プログラムで働いています。

そのような低次元の意識を永続させると、大きな不安や不幸が生じ、悪しき習慣が強制され、奴隷化のルールが固定化されてしまいます。

しかし、次の進化のサイクルに移行すると、受け入れてきてしまったパラダイムが明らかになり、進化と変換が可能になります。私たちは、私たちの未来を進化させるために、これまでの私たちの旅を再検討する必要があります。

最も支配的な三次元の個人でさえ、個人と人類の課題に疑問を投げかけ、やり方を変えていくことを余儀なくされます。私たちの表面的な愛着が明らかにされ、それらが解体されるにつれて、進化に対する問いかけと真実性がさらに求められます。

三次元的な成功（金銭や物質的豊かさなど）は五次元の指標ではなく、五次元の聖なる意識は金銭や物質的な豊かさによっては決して満足することはできないのです。

たとえあなたが物質的に成功していても、意識は三次元のまま、単なる実行力のある人で、本当の運命には耳を澄ましていないかもしれません。それはあなたのライブフィードに反映され、本来のあなたに火を灯さないままです。

多くの場合、仕事への執着が原因となって、表面的な人間関係、パワーゲームへの愛着、枯渇《こかつ》した生命力、選択された道が本物ではないことを反映する退屈さなど、表面的な現実になります。

そしてその三次元の現実によって、ステレオタイプがより強化されます。金銭的利益の追求、ワンパターンの慣習、また有毒なステレオタイプを強化する不正な関係を引きつけます。これは生命力を破壊するため、自己存在の可能性や天才性をほとんど経験しません。

三次元のアジェンダと物質的な利益に焦点を合わせると、最終的には真実ではないものが現れて、より深い意味と進化と変容の可能性を低めてしまうのです。

☆四次元ライブフィード

四次元におけるライブフィードは、あなたのスピリチュアルな信念体系と、あなたが本当は誰であるかということの間での対立を現しています。

四次元はスピリチュアルな領域における受動的／積極的な傾向が見られ、ライブフィードがうまくいっているかのようなスピリチュアルな仮面が存在しますが、しかしひとたび壁にぶつかると、未解決のプログラム、制限だらけの自分に戻ってしまいます。

優劣にとらわれたり、自己憐憫《れんびん》や、過度の謙遜に陥った時は、四次元に滑り込んだことを示しています。また、あなたが選択した特定のスピリチュアルな理論や教えをこの現実で完全に体現または実践していない場合、それも四次元の指標となります。

☆五次元ライブフィード

五次元におけるライブフィードは、三次元の現実とまったく対照的なバージョンの現実を反映します。そこではシンクロニシティと道しるべが示されます。あなたはあなたの世界で広大なものに引き寄せられ、制限を加えるあらゆる契約から離れることができます。

三次元では自分のライブフィードに対応するので精一杯ですが、五次元では共同でライブフィード（現実）を創造します。あなたの決断は、マインドが目覚めた状態でかつハートに従うことに基づいていて、未来予測の定石《じょうせき》なしに新たなビジョンと未来を描くことができます。

あなたは現実とダンスをしているので、あなた自身の天才的な可能性とコラボレーションし、「今ここ」に根ざし続けることができます。

あなたの五次元の光が道を照らし、型破りでいられるということを周囲に示します。あなたの進化が本物で、常識にとらわれないことで、真に誠実で本質的な価値観を周りに示します。これらの資質は、今そうでない現実にいる他の人を変容させ、進化を促します。これはすべての人の現実と未来を変えます。

☆ライブフィードプラクティス

自分自身のライブフィードを観察するという実践（プラクティス）に専念することが重要です。そうしないと、あなたのエネルギー資源が無秩序に三次元の内外に散らばってしまうからです。しっかり焦点を合わせていることが大切で、あなたの人生経験と反応について細心の注意を払う必要があります。

あなたが内なる世界でどの次元と共鳴しているかによって、あなたが何を、誰を引きつけるか、その現れが変わってきます。これを知っていれば、現状を査定し、変換し、目覚めさせられるので、自分の五次元バージョンを実現できます。

特に四次元のスピリチュアルコミュニティにおいては、「ライブフィードで発生していることはスピリチュアルな目覚めとは対照的である」と信じられています。

それに対して、五次元では、ライブフィードでの気づきによって三次元および四次元を認識します。これにより、現実を制限するという進化を妨げてきた低波動パターンを再調整できます。この本を通して私たちが行うワークの多くは、五次元への道を切り開くための出発点としての認識を培うものです。

気づきは認識の鍵であり、私たちがプラクティスに専念するかどうかにかかわらず、人類が共有する絆です。この地球上のすべての個人は、人生の経験と課題を乗り越えるための目覚めのプロセスにあるのです。

「ライブフィードリアリティーチェック」とマークされたセクションに気づくでしょう。これらは、ライブフィードを通して気づきを発展させる内省と実践であるため、刻々と変化する意識とアジェンダを受け入れ、それらを変換できます。

次の章では、波動というツールを使用して五次元にナビゲートし、五次元を現実に固定する方法について説明します。

《この章のまとめ》

「現実での覚醒」としての気づき

●気づきは五次元の現実スイッチで、多次元のテクノロジーである。あなたの感性、本能、直感は、内部からささやく声に深く耳を傾けることを可能にする。

●「現実」の変化を見たい場合は、本物の進歩的な変革と気づきの力を高めるトレーニングに取り組む必要がある。

●繰り返し自己認識のプラクティスを行うことが、目覚めの旅の強力な味方となって、より本来の自己と繋がり、波動を進化させ、生命力にあふれて生きられるようになる。

三次元と四次元における気づき

●一般的な「気づきのトレーニング」には有毒な従来型の執着があり、多くの場合、気づきのトレーニングとは何かについて多くの混乱がある。

●従来の意識向上トレーニングは、献身的な意識の進化に伴う神聖な繋がりを損なうために傷を永続化させるストーリーが付随している。

●三次元の欠陥のあるトレーニング構成は、気づきをロックアウトし、真実と非真実の点で誤ったコンパスを作成する。

●三次元の戦略では私たちの自由は絶対に勝てず、三次元の教育に執着していたら精神性を向上させることはできない。

●気づきの力により、現実をどのように創造するかに革命を起こすことができる。私たちを奴隷化するために使われているテクノロジーから解放することができる。

気づきのプラクティスを活用する

●気づきの力を活用し、ワンネスと内なる光への道を見い出すことができる。

●気づきを使って波動を感じ、五次元が何であるかを正確に経験および評価し、三次元の有毒なプログラムに戻ったことを示す波動と意識の変化を認識できるように注意深く耳を傾ける。

●この方法でプラクティスすると、気づきが人生の変化を知らせてくれる。そして五次元の現実の道しるべに気づき始める。

・日に日に高い波動の人々と結びつき共鳴するようになります。
・人生の道しるべとシンクロニシティがより多く現れます。
・マインド（思考レベル）とハート（感情の知性）が進化します。
・深い神聖な繋がり、一体感、平和を感じ、あなたは人生のすべてを歓迎します。

・三次元の現実の奴隷ではなくなりました。
・あなたの運命は深い目的と意味とともに解釈されます。
・あなたは至福に満ちた状態をたびたび経験します。
・積極的に世界に影響を与え、人生のあらゆる次元で愛と豊かさを引き付けることができます。
・最も神聖な運命と存在に対するあなたのビジョンは、現実として現れます。
・あなたは自由です。
・愛、知性、生態、奉仕、人類、地球を見直します。

●あなたの思考や感情への観察力を目覚めさせて下さい。それらは自分と世界の間の架け橋です。
「私の思考や感情は、私を世界と繋がりのあるものにしているか？　それとも分離させているだろうか？」
●身体の状態、生命力、健康に関する課題は、五次元で生きる道しるべでもある。
●現実に影響を与えるために、常に意識を身体にしっかりアンカリングする必要がある。これは、三次元、四次元、および五次元のそれぞれが身体に与える影響のサインに非常に敏感になることを意味する。

ライブフィード

●あなたが三次元にいるか五次元にいるかに関係なく、あなたのすべてが共鳴し、あなたの現実に反映される。

あなたの気づきの力は、あなたの現実に反映にされているものが三次元・四次元・五次元のどの現れであるかを認識することができる。

●ライブフィードには、あなたの人生・生活のありのままが刻々と映し出される。

三次元でも五次元でも、あなたの思考、感情、執着しているストーリーが絶えずあなたの現実を創り出している。この目の前の現実こそがあなたのライブフィード。

●自己のライブフィードを観察するという実践に専念することが重要。そうしないと、エネルギー資源が無秩序に三次元の内外に散らばってしまう。

第4章

意識の周波数（波動）

☆元は高波動だった

この章では、本来のあなた自身の波動と他の波動の違いについてお伝えします。

あなたの意識の周波数（波動）は、あなたの最も目に見える形のエネルギー的な特徴、つまりあなたが人生で表現していく強力な共鳴装置です。つまり、今のあなたの意識の周波数に共鳴するものが、あなたの今の次元の現実を創り出しているのです。

本来、あなたは非常に高い波動で生まれました。

ですが、時間の経過とともに、既存の社会の物語（プログラムやストーリー・信念体系など）があなたの人生のストーリーに結びつけられたことによって、あなたは三次元の現実を生きることを余儀なくされてきたのです。

しかし、その現実は真実ではありません。

とはいえ、どんな波動であっても、あなたに結びついた物語は、あなたの波動のトーンとしてあなたの現実における質や活気、生命力などに影響を与えます。

また、あなたの波動は経験によって影響され、信念、思考、感情、態度によってより強化されます。このように、あなたの現実はあなたの波動を反映しているのです。

そこで、あなたを卓越《たくえつ》した存在へと導くのは、高波動です。時代遅れの、未解決の歴史を変換することができるように、本来のあなたの高い波動を取り戻すこと。それこそが、三次元や四次元の現実から、五次元の現実へと波動のスイッチを切り替えることです。

自分の中に存在している波動のスイッチを認識すること自体が、五次元という無限の資源をロックした状態を解除する鍵となります。

波動の切り替えは、過去、感情、信念を一新し、未解決の歴史や有毒なトラウマの投影からあなたを解放するからです。言い替えれば、あなたの過去の歴史においては本来の波動が乗っ取られていたわけですが、あなたが真摯に内なるワークを続けることによって、あなたの資源を取り戻すことができるのです。

あなたは、あなたの個人的な力、自信、すべてのものや人との関係、あなたの自尊心、そしてあなた自身を含むエネルギーそのものの基盤を根底から変えることができます。

波動の違いを認識し、より高次の波動に切り替えることによって、日常生活のあらゆる場面において、五次元の現実、五次元の人生を楽しむことができるのです。

高波動は真実と自己承認のパスであり、波動の高低の違いは明確に区別できるため、偽造することは一切できません。五次元は四次元とはまったく異なる現実です。

☆波動の変換

あなたが波動の切り替えを認識し、ストーリーの変換を目撃できるように、自分自身の波動を感じ、変換できるように専念する必要があります。

そのためには、波動の違いや変化に対して、正確に感受できなくてはなりません。

この波動に対する感受性は、マインドフルネスとは異なります。

このプロセスは、ホリスティックな認知力を高めることであり、過去（低次元の波動）を手放し、変容させ、また今を完全に認めながら、未来を選ぶことができます。この新たな認知・認識が新しい運命を指し示します。

あなたがどのように生きてきて、自らの過去から何を持ち運んでいるのかは、あなたの波動にとってとても重要です。

まず、過去に遡《さかのぼ》って、未解決の課題や、心の傷などを認めてみます。

それらの三次元のパターンは、あなたのエネルギーフィールドにまだ残っています。

エネルギーフィールドをスキャンするようにして、一つ一つ確認してみましょう。

そのパターンを認識し始めると、その時々のエネルギー（波動）を感じるでしょう。

気づきの力を使って波動の微妙な変化を読み取り、それらに意識の焦点を当てたまま、それらが高い波動に変化するという意図を持って、ゆっくり呼吸します。

このように愛着、痛み、苦しみ、疑い、悲しみなどを変えてください。そうすればあなたのすべてがやがて高い波動になります。

あなたは、この方法によって低波動の現実を常に解決しなければなりません。

これは、あなた過去の旅から五次元に入るための効果的な突破口を見出す方法です。

この波動の認知力を高める内なるワークによって、新しい旅、前向きな思考、マインドフルな状態、インスピレーションを得ることができます。それは、あなた自身とあなたの現実を永遠に変える、グラウンディングされた、本物の、そして堅実な人生経験となります。

☆波動と五次元

多くの人が、無自覚に三次元や四次元のエリート主義に自らの力を委ねてしまっています。

そのように自由をほとんど持たない、低波動によってプログラムされた人たちは、どのように変容し、進化するのでしょうか？　どのようにして天才性に足を踏み入れ、前例のない可能性と神聖な人間としての運命を舵取りしていくのでしょうか？

今私たちが選択を迫られているのは、そのような、本物の、天才的な人間の可能性を自ら解放するか、それとも、従来のプログラミングによって永続的に奴隷のように催眠術をかけ続けられるのか、のいずれかです。

従来型のプログラミングやストーリーは低波動であり、人類の進化を遅くします。

一方、五次元的な現実での覚醒は、進化したハートとより大きな個人の自由を提供します。

この前例のないインテリジェントな選択は、波動の進化、強化、完成を促し、五次元の現実に浸ることによって、そしてまた新しい奇跡の共鳴に完全に目覚めた人々によって、時空に作用を及ぼしながら、あらゆる可能性が開かれたルートを加速的に創造します。

この神聖な体験は決定的です。そこではあなたは完全に生きており、完全に目覚めています！

これを実現するには、自らの内にある高波動の資源によってあなた自身の意識の再起動、再充電、再構成に専念するしかありません。

このプロセスにおいてあなたの光は維持されます。

あなたはこれまでの人類の傷を認める旅、そして人類の夢を完成させる旅の両方を選択しています。それゆえあなたは「完全な現実」の創造に献身しています。

ここでは、奴隷化ではなく、愛と真実、人類と進化、そして奉仕に献身します。そうしてはじめて、過去を超え、現在と未来を再定義するために量子的に現実を選択していく、というかつてないパワーの集合体の一員となれるのです。

多くの人が「あなたの言うことは非常に簡単ですが、行うことは非常に高度です」と私に言います。ですが、それはスピリチュアルな知識を頭に入れることと、実際に生きることの違いです。

実際にそれを生きる時、あなたはこの信じられないほど高い波動の現実を、それがあなたのするすべてに前向きな変化をもたらすことを、知ることになるでしょう。今という時代に世界が変わりうると信じているなら、どうか傍観者にはならないでください。

スピリチュアルな知識の獲得やエリート主義ではなく、実際に波動に影響を与えて現実を再創造することによって、これまでとはまったく異なる次元の新しい現実がもたらされます。これが本物の仕事です。それは未来を創造します。それはエゴのない社会を生み出し、それこそが宇宙の最も根源的な力がこの惑星の真実の働き手と共鳴しあう理由であり、結果でもあるのです。

その意味において、高波動のワークは「今ここ」にあり、普遍的であり、永遠のものです。

私たちが「誰であるか？」という問いから逃げることはできません。それはつまり私たちがもっと本来の私たちになるということであり、そうすれば真実をはっきりと見ることができます。この作業は進化を可能にし、人類がより高い波動を習得してそれを保持することによってあらゆる問題を克服し得るのです。

☆三次元の波動

三次元は超低波動です。三次元で新たな波動を設定し直すのは非常に困難です。なぜなら、三次元の波動は非常に限定された知覚と現実だからです。三次元の現実は意識の毒性を含んでおり、それが個々人の波動に汚染をもたらすと共に、刷り込まれて離れなくなります。また、毒性の汚染は波動の中にあり、あなたのストーリーや現実に付随する特定のデータもそこに保持されています。これらはすべて三次元の毒性の刷り込みのなせる業です。

その結果、低次元の現実が固定化され、未解決の歴史が保持されたまま、進化に逆行するような低速のサイクルが作成されます。ここで、人類の古い傷は永久に温存され、時代を超えて再生され続けるのです。

したがって、進化の法則に従うならば、毒性を多く含んだ人類の未解決の歴史があなた自身やあなたの未来、そして他者をさらに汚染しないように、あなた自身があなたの波動を変換する必要があります。私たちが、意識の波動に対する認識を深める必要性がここにありま す。三次元に強く説得されて奴隷化を許したり、または乗っ取られることを許可してしまうと、意識の天才性からは分離されます。

これは、低波動による現実のハイジャックです。

低波動による現実のハイジャックには、不安への執着、トラウマ、未解決の恐怖、自己制限、投影、信頼の欠如、疑念、有毒なプロセス、表面的、無関心、集中力の欠如、個人的責任の欠如、行動不足や過剰行動などが含まれます。私たちがこの乗っ取りを認めずにそれらを自ら処理しなければ、三次元は継続して自己増殖を続けます。

それを回避するには、まず、三次元の乗っ取りを感知する自己認識力を高めることです。

そして、次に、乗っ取りをどのように解決するかも非常に重要です。

三次元の場合、通常は有毒な波動によって情報処理をするため、ハートから切り離された場所で目の前の課題を解決しようとします。これが固定観念や知的偏重の弊害です。

これはハートと中枢神経系を過剰に刺激し、生態に影響を与え、人生の質に悪影響を与えます。

そこで波動の違いを理解する必要があるわけですが、三次元から抜け出す方法をいくら頭で考えようとしても簡単には発見できません。

知性ではなく、内なるワークに細心の注意を払いながら、自分の内側を刻々と認識しつつ、波動を変換していく必要があり、これが「現実での覚醒」に至るルートです。

つまり、内なる気づきのワークを継続して行うことによって、波動の違いが認識できるようになり、三次元に乗っ取られても自らそれに気づくことよってそこから離れて、その都度五次元に戻れるのです。

そのように、認識や気づきは、私たちの現実に革命を起こす絶好の機会となります。

私たちが、本来の汚れのないホリスティック（包括的）な意識の実践に深く目覚めることによって、汚れのないハートと深い真実から私たちを遠ざける低波動の毒性をデトックスできるのです。それだけに、私たち愛と光の戦士は、自らの意識、進化、現実に専念することが求められます。

☆運命の回り道

三次元の乗っ取りのより有害な影響の一つは、最も波動の高い目的と運命を汚染して、人々の意識の中に古いソフトウエアをダウングレードすることです。

そのような永続的な三次元の乗っ取りは、低波動バージョンによる性能の劣化をもたらすので、生活の質、本当の欲求、高次の思考や感情を評価できないことを意味します。

三次元は、多くの場合、あなたの内なる真の声を黙らせる一般的で有毒なプログラムによって、あなたの運命から回り道をするようになり、高波動との解離を引き起こします。

つまり、あなたの使命とあなたの運命についての正しい認識ができなくなるのです。

私はこの本を進めていく中で、あなたの使命とそれがあなたの運命にどのように関係しているかを深く認識し、あなたがあなたの人生のあらゆる次元で前例のない機会を開くことができるようにします。

あなたが人生の旅における知恵への気づきを高めることに専念したら、高波動を維持することが運命の可能性にどのように影響するかがわかるでしょう。

つまり、高波動の体現こそがあなたの未来を開く運命の鍵なのです。但し、それは三次元を超えて進化する準備ができている場合にのみ実現できます。

☆波動の影響

人類史上、これまでに前例のない、五次元の具現化された進化を起こすためには、あなたの高波動意識が必要不可欠です。

あなたに進化する意図があるならば、まず内なるワークに細心の注意を払い、内なる変容に専念してください。

五次元の現実化スイッチを選択するには、高波動を感知し、それを維持することです。

私たちは生活の中で高波動の現実を具現化することができ、五次元スイッチがオンなっていれば世界に影響を与えます。低波動が支配的である場合、五次元の現実を表現することはできません。なぜなら、そこには無限の可能性を秘めた資源がないからです。

低波動と高波動の違いは、資源へのアクセスが可能かどうかで、それは思考や感情の処理においても表われます。

私たちが思考や感情を処理している時は、意識が特定の波動に固定されます。そこで意識と現実のマッピングが行われ、それがその人の認識能力を規定します。

つまり、意識が三次元の波動であれば三次元の現実を生き、五次元の波動であれば五次元の現実を具現化するのです。

多くの場合、三次元におけるストレスの影響を受けていて、ライブフィードや環境選択の影響を認識することができませんが、波動を高めることによって、それらに対する認識と適切な処理が容易になります。このプラクティスは、自己献身と集中度によって洗練され、現実に微妙な変化をもたらしはじめます。

まず、意識的に波動に焦点を合わせることによって、ドラマチックな現実の変化に対する執着がなくなります。

これはもっと静かで、繊細で平和な進化を実感できる、より現実的なアプローチであり、五次元の新しいフロンティアにおける強力な力となります。

それはあなたを再起動し、あなたは神聖になります。それはあなたの資源となり、メタフィジカルで神秘的な存在感を持って他人のマインドとハートに自由に触れ、日々やり取りする世界と人々を変えます。

これによって共鳴が生まれ、それがあなたの「しるし」としての波動になります。

そこではあらゆる執着を手放し、三次元の戦略は完全に崩壊します。そして神聖な共鳴が静かに世界に響き渡り、「これが私」「これが私たちの運命」として内側を満たし、真実があなたの本物の人生経験を引き寄せ、具現化します。

それは五次元の、人間の天才的な無限の可能性を解き放つ究極の癒やしと目覚めの旅です。最も高い波動に「イエス」と言い、そのビジョンを認め、それを創り続けることを約束してください。あなたはもはや自分自身を「小さい」とは思わないはずです。

それはあなたが過去の自分から自らを解き放つということです。

慣習から解放され、波動があなたを解き放つツールになるようにしてください。

変容するために浮かび上がってくるあなたのすべてを認めてください。そのたびに、あなたはあなたの波動を上げています。そしてあなたは惑星の波動を上げ、平和に貢献しています。

クレイジーな世界の話のように聞こえるかもしれませんが、これは私たち全員が行う必要があることです。

なぜなら、毒性のある低次元の波動が私たち自身によって創られている以上、世界に反映されている乗っ取りやドラマは、私たち自身によって克服することができるからです。

私たちは、しっかりとした本物の基準点を作り、私たち自身の成長と地球の進化への貢献の一環として、自分の中の乗っ取りを排除し続けなければならないのです。

☆波動変換のプラクティス

誰かが「五次元に移行するには何を学ぶ必要がありますか？」「どんなことを習得し、どんなスキルを身につければいいですか？」などと聞くとしたら、おそらくその質問者は、三次元のアクションと問題解決の観点からそのように捉えています。

しかし、そこには内なる資源に対する自己信頼はありません。資源は自分の中にある、その内なる信頼から実際にあなたのワークが始まります。

もしあなたが自分の中にある三次元や四次元の波動に違和感を覚えたなら、外側の世界で行動の道筋を計画するのではなく、あなたのするべきことはただそれを内側で認め、進化させ、その波動を高めることです。

このシンプルな内側でのバランス調整と再起動により、意識のハードドライブが本来の状態に復元されます。困難な課題に取り組むべきであると知的に反応して、熟考するのではなく、素直にハートを開いて内なる資源との繋がりを取り戻すだけでいいのです。

そして、低波動の次元に引き戻されていると感じた時は、深い呼吸と共に瞑想をしてください。

「どうやってこれをやればいいの？」といった繰り返しのサイクルに陥るのは三次元です。そうではなく、内なる声に従ってグラウンディングされた建設的な瞑想を実践することにより、はるかに革新的で独創的になれます。

そういった瞑想は高波動のリソースのスイッチをオンにしてくれます。

時代遅れの思考パターンは古いパラダイムの現実を創り出すため、古い考え方に戻った時のクセをよく認識し、それを手放す必要があります。

自己観察による不要なもののデトックスです。

そうすればあなたに必要なものがすべて与えられます。

つまり、「高波動にするにはどうすればいいですか？」ではなく、低波動に陥るパターンを自分自身で認識して、それを手放すこと。

私たちの基準点はあくまで認識すること、物事を見極めること、波動に気づいていることで、それを通じて現実の改善と向上をはかるのです。

これが、五次元をより多く具現化するための、現実をマスターするプラクティスです。

このプラクティスでは、自分自身に取り組むために必要な時間をしっかり取って向き合うと良いでしょう。自分自身と繋がり続けることで、自分の内側で何を承認しなければならないか、あなた独自のプロセスにもっと気が付くことができます。

また、波動は常に変化するため、自らのエネルギーフィールドの波動の変化を常に確認する必要があります。

あなたがエンパワーメント（潜在能力の開花）と生命力を回復するには、波動を変換するための認識が必要であり、低波動の思考、感情、意識を常に観察し、対応する必要があるのです。瞬間、瞬間、さまざまな経験を観察して変換することが重要なのであって、決して孤立した瞑想状態の至福感に執着しないでください。

あなたはこれから述べるように、目覚めた状態で現実ときちんと関わっていかなければなりません。

☆内なるワークによる五次元への献身

ライブフィードと現実に関与し、常にエネルギーシステムを変換し、内なる世界の思考と感情の質に対処する必要があります。とりわけ、強迫観念に基づく不健全なマントラは、あなたのエネルギーシステムと現実に影響を与え、意識を乗っ取ります。

本来、瞑想において重要なのは内なる世界の進化であり、それは思考や感情の質を変換することによって意識を上げることなのです。

あなたの思考と感情によって形成されるあなたの現実の構造を認識し、より強化すると、五次元的な進化があなたのエネルギーシステムと連動し、健康、ハート、天才的な可能性に影響し、あなたを五次元に強力にロックインします。あなたの内なるワークによる五次元への献身により、五次元は進化しつづけ、現実としてさらに強化されます。

一方、四次元プログラミングは、私たちが誰であるかの現実を空っぽにするか、一時停止させてしまいます。ところが、多くの人は、内なるワークを経ずに現実を変えることができると思い込んでいるのです。

五次元への進化は、あなたが今日誰であるか、あなたの歴史、そして物語に対する賢い問いかけ、そしてあなたの根本的な信念が現実となることへの理解に基づいています。

したがって、あなたのストーリー、知性、気づき・目覚めのレベルを認識することは、堅実な内なるワークの基盤であり、高波動への変換と進化の鍵です。

ここで、神聖な内なる世界は、今日のあなたが個性的かつ力強くいるために、運命と人生の教訓を深く認識するようにあなたを抱きしめてくれます。時間を超えて、執着や今まで受けてきた投影を超えて、本当に自分が誰であるかを認識するのです。

内なるワークの一つは、不健康なライフスタイルに対する執着をよく観察することです。

ＳＮＳ、低俗なテレビ番組、または低波動の態度、思考、感情への中毒、そして食べ物に対する執着などを見ます。

それらに対する執着、依存度など、あなたのスピリチュアルプラクティスの邪魔になる障害を見てください。

また、時間への愛着や、物事を成し遂げるのに「十分な時間がない」「条件が整っていないからできない」などという感覚を見てください。

そこには認めるべき多数の重要な道標があり、これらは今のあなたの意識の次元を現していて、今ロックを解除する必要があるものです。

あなたの波動とそれを認識できることは、他の何よりも重要です。波動の自己認識はあなたの現実に関するすべてを変える力を与えます。

自分の波動に対するリーディング力が高くなるほど、ワークはより深くなり、よりクオリティが高くなります。これは必ずしも簡単な作業ではありませんが、それはあなたに、明快さ、知性、共鳴と輝きによって五次元に貢献する権利を与えます。

あなたの波動が世界に顕著な、具体的な影響を与えるのです。

これは神聖な意識の錬金術です。

あなたの波動を進化させるために2つの道があります。

第1章で皆さんと共有した瞑想は、重要な波動のプラクティスです。頭、ハート、足…常に細心の注意を払ってプラクティスの実践に専念すれば、あなたの波動とエネルギーシステムを強力で進歩的な基盤に進化させることができます。

そして、一瞬一瞬の継続的な認識によって、あなたは人生のライブフィードの波動を認識し、そこに影響を与えます。このプラクティスは、乗っ取りに対する超高精度の気づき・認識、そして対処に役立ちます。

もう1つの道は、高次の神秘主義による神聖な現実の創造であり、これは五次元の現実との繋がりを再調整し、再構築することです。

これは新しいフロンティアであり、五次元の現実に生きる(「現実での覚醒」)という私たちのコミットメントであり、今という時代に私たちの惑星の現実を変革する上で非常に重要です。

☆低波動の乗っ取りに気づくためのナビゲート

気づきの力を使って波動のわずかな変化を読み取り、それに応じて対応できるようにします。波動の微妙な変化に注意を払い、その瞬間に波動を変化させ、より的確に反応すると、大きな乗っ取りや三次元の支配を回避して、再び着地点を見つけることができます。

このワークは、練習を深めるほど効果的になります。

＊＊＊＊＊＊＊＊＊＊＊＊＊＊＊＊＊＊＊＊＊＊＊＊＊＊＊

ライブフィードリアリティーチェック：低波動の乗っ取りの識別法

低波動の乗っ取りには主に3つのタイプがあり、3つすべてを識別して操作することができます。

1. 未解決の傷（トラウマ）：自分を乗っ取る。
2. 傷の共鳴：誰かが言ったり、したりすること、または起こる何かがあなたを乗っ取る。
3. 傷の投影：あなたが他の誰かを乗っ取る。

気づきのプラクティスにより、これらの乗っ取りが現実にどのように現れるかが特定できます。あなた自身と、精神的に有毒なこれらの症状をその時々に癒やす必要があります。

頻繁に発生する低波動の乗っ取りを認識しましょう。またそれらを乗り越えて進化するために、勇気を持って、あなたを乗っ取る人とは関わらないことも時には必要です。

三次元プログラムを解体し、気づきの力をトレーニングし、波動を進化させることで、三つの乗っ取りすべてを変革します。

刻々と変化する波動に対する鋭い認識と対応力を開発し、乗っ取りの発生元を正確に特定する必要があります。

例えば、あなたが恐怖や制限のプログラムされた思考パターンに入ったために、波動が低下したか？

他の誰かが彼らのアジェンダまたは傷の共鳴によってあなたを乗っ取ったことで、波動が落ちたか？

あなたの固定観念によってあなたが他の誰かを乗っ取ったために波動が落ちたか？

これらは、三次元の乗っ取りに気づいて進化するために、常に自問自答する質問です。

この重要な傷の共鳴の働きを認め、変えていくことが進歩となり、これまでにない変革と進化、今までよりはるかに質の高い人生をもたらします。

再起動プラクティス

もしも集中できなければ、目を閉じてあなたの波動をチェックしてみてください。

波動を査定し、改善し、高めてください。深く息をしながら目を開けてください。

＊＊＊＊＊＊＊＊＊＊＊＊＊＊＊＊＊＊＊＊＊＊＊＊＊＊＊＊

この重要な時期に私たちに求められているのは、五次元の再起動です。三次元や四次元に乗っ取られた状態のままでは五次元を再起動することはできませんが、第一章で述べた瞑想を通して五次元を体現し維持する練習が定期的にできていれば、再起動がしやすくなります。五次元は徐々にあなたに定着し、すぐ繋がれるようになり、それを維持して生きられるようになるのです。

またあなたの練習への献身の成果として、五次元へのリカバリーがしやすくなります。四次元のプラクティスは、五次元にナビゲートするための卓越性に欠けています。主な理由の１つは、四次元のプラクティスには自我のアジェンダへの執着があり、本質から焦点が外れるからです。

四次元では、トラウマの共鳴によって他の誰かに乗っ取られる可能性があります。

これは、いわゆる「ネガティブな人々」を過度に識別して差別するなど、結果として未解決の傷の投影を繰り返すことになります。この分離という二元性によって、私たちは自分自身の傷の根本的な癒やしを拒否します。

それに対して、五次元ではすべての乗っ取りに対して責任を負い、教育に変えます（自分にも相手にきちんと教えてあげる）。あなたの本来のアジェンダは、深い愛とワンネスであるため、乗っ取りによって四次元の分離を強化することはありません。

あなたはより多くの愛、繋がり、団結、一体感を得、それに基づいて、五次元の神聖な舞台で、より高い意識、光、進化、愛、運命を体現します。

この舞台では、三次元／四次元のデトックスを終え、愛、平和、思いやり、喜び、一体感という人間の最大の資質に動かされ、導かれます。こうして人類のビジョンと潜在的な現実が具現化します。

《この章のまとめ》

波動の変換

●波動は、最も目に見えるエネルギーの特徴であり、あなたが人生で表現していく強力な共鳴装置である。

●時代遅れの、未解決の歴史を変換することができるような、本来のあなたの高い波動を取り戻すための内なるワークがあなたを卓越した存在にする。

●このワークでは、波動の切り替えを認識し、ストーリーの変化を目撃できるように、自分自身の意識の周波数とその変化を感じることに専念する必要がある。
●あなたがどのように生きてきて、あなたの過去から何を持ち運んでいるのかは、あなたの波動にとってとても重要である。
●今という時代に世界が変わりうると思うなら、傍観者にならないこと。私たちは波動に影響を与えて新しい現実を創造できる。

三次元の波動
●三次元は超低波動であり、三次元で波動を設定するのは非常に困難である。なぜなら、三次元の波動は非常に限定された知覚と現実だから。
●毒性の汚染は波動の中にあり、ストーリーや現実に付随する特定のデータもそこに保持されている。これらはすべて三次元の毒性の刷り込みのなせる業。
●三次元プログラムに支配されている場合、波動は三次元プログラムに大きく影響される。未解決の歴史の毒性は、あなた自身、あなたの未来、そして他者をさらに汚染しないように変換する必要がある。

波動の影響

●五次元の現実スイッチを選択するには、高波動を感知して維持する必要がある。

●私たちは生活の中で高波動の現実を具現化することができ、五次元にいる時、世界に影響を与える。低波動が支配的である場合、五次元の現実を表現することはできない。これは無限の可能性を秘めた資源がないため。

●思考や感情を処理している時は、意識が特定の波動に固定される。そこで意識と現実のマッピングが行われ、それがその人の認識能力を規定する。

●気づきの力を使って波動の微妙な変化を読み取り、その時の波動に応じて適切に対応できるようにする。

低波動の乗っ取りに気づくためのナビゲート

●低波動の乗っ取りには主に3つのタイプがあり、3つすべてを識別して操作することができる。

1. 未解決の傷：自分を乗っ取る。
2. 傷の共鳴：誰かが言ったり、したりすること、または起こる何かがあなたを乗っ取る。
3. 傷の投影：あなたが他の誰かを乗っ取る。

●気づきのプラクティスにより、これらの乗っ取りが現実にどのように現れるかが特定される。
●再起動のプラクティス：焦点が合っていないと感じたら、目を閉じて波動を確認する。波動を査定し、それを改善し、高めること。深く息をして目を開ける。

第5章

五次元の意識

☆神聖な舞台

前章までは、五次元の現実を具現化し、それを継続的に広げていく方法についてお伝えしてきました。

特に私が強調したい点は、五次元は単にA地点からB地点に至る一度限りの体験ではなく、あくまで継続的な旅であって、五次元に徐々に浸ることによってまったく新しい扉が開かれ、神聖な舞台が用意されるということです。

意識と現実は進化するものなので、自己の内面のパターンをよく見直すことによって、信じさせられてきた三次元を自らひっくり返すことができます。

そうして、私たちは神聖な教育に関する革命的なフロンティアに入り、私たちの存在と運命についての真実と出会うことになります。

私たちは歴史と未来を知っています。私たちの進化は神聖なものとしてすでに書き込まれており、私たちは永遠です。二元性を超えてマインドとハート、意識と知性を解き放ちます。

私たちはもう一人ではないことを知っています。

こうした認識は、五次元を継続的に具現化および進化させるための素晴らしい資源になります。これは高波動の旅です。これは光の旅です。

　ここでは、三次元のトラウマを癒やすための制限と時間が外れて、身体的および感情的な治癒の新しいフロンティアに入ります。

　そこには表面的な一時停止や迂回はありません。そのような制限があると傷が解放されるどころか、保持されたままになるからです。

　このように、五次元のタイムラインは自由への解放が加速されることです。進化は天才的でシンプルになり、意識は急上昇し、人類の最も深い恐怖のトラウマを聖なる光に変換できるのです。

　私たちは、広大で神聖な舞台としての愛、そして奇跡的変化をもたらす奉仕について、新しい理解を得ます。

　この章では、これらの神聖な舞台を探索しながら、あなたの現実を徐々に高波動にロックし、神聖な運命を広げ、進化をあなたという存在の隅々まで広げます。

　そもそも、意識は「五次元の鼓動」であるということをよく認識してください。

　五次元意識の特徴は、より進化的、より深い愛、より高い人間性など、より真実の人であることに関連する資質です。ここでは、あなたは愛、思いやり、受け入れ、繋がり、包容力を持っており、それゆえ、文化的、性別、経済的不平等の格差がすべて解消されます。

五次元の鼓動を有するあなたは、そのような意識の拡大と団結を生み出す神聖な資源や人類全体に対して貢献し、具現化に専念しなければいけません。

私たちの世界に、強力で、本物の、意味のある変化を生み出す必要があるのです。

なぜなら、これらの教えは最終的には私たちの意識の再定義に献身し、人類が前進するために次に来る流れを定義づけることになるからです。すでに今日、少しずつ進歩が見られ、意識と進化に専念するすべての人が、新たな意識の定義について再構築しつつあります。

これが「現実での覚醒」です。

「現実」は私たちが経験するものですが、私たちが経験する「真の」現実は、すべて私たちの意識に依存しています。

つまり、あなたの意識の周波数（波動）があなたの現実を創り出しているのです。

どんなに盲目的にスピリチュアルなプラクティス（一般的な瞑想など）を繰り返しても、意識が高波動でない限り、現実という次元（波動）の差を見分けて影響を与えたり、真実に基づいて舵取りしたりすることはできません。

もしあなたが意識を進化させる機会をまだ得ていないなら、あなたの愛が成長することもなく、最終的にあなたが存在する世界に個人として広く貢献することもできないのです。

二元性や恐怖のプログラムを適切に取り消し、五次元との持続的共鳴を獲得するためには、まずあなた自身の意識の周波数をよく認識し、そして適切に評価する必要があります。

高波動意識は、三次元／四次元を超えて、かつては完全に解明できなかった五次元の扉を開きます。

五次元の扉、タイムラインは確かに出現しており、本物の進化だけが五次元への参入を保証します。

あなたの自由意志は、完全に体現された高波動の意識の中でこそ真に解き放たれるのです。そこでは、マインドはハートに根ざし、知性は叡智に根ざし、男性と女性が再び一体となります。

☆三次元の意識

三次元では、奴隷状態のままなので、意識の尊厳や自由はありません。三次元プログラムはあなたの自由意志に何ら革命をもたらさないのです。

ですから、自分自身に取り組む時間と空間をつくり、意識を変容させ、進化させてください。これは、短期間で認定証を獲得するような価値観ではなく、本当の献身を意味します。

つまり、あなたは自分の意識の質に常に耳を傾けることを学ぶ必要があるのです。それは無限の学びのプロセスです。

三次元では、意識の概念は進化を乗っ取るように設計された二極化された「真実」に混じり合っています。

そのような三次元の意識から抜け出すには、高波動の思考、感情、態度、活動を特定し、増やしていく必要があります。同時に、低波動の思考、態度、感情について明確にする必要があります。

つまり、あなたの思考、感情、または態度の中の、分離、優越、特権、他者への配慮の欠如、さらには世界で苦しんでいる人々に対して何も感じないなどは、三次元または四次元プログラムによる操作（乗っ取り）であって、それらは高波動意識からではありません。

今日私たち全員が直面している大きな課題と解決策に取り組むことから回避したい感情や思考があるなら、それは無力な三次元の奴隷と化したあなたの信念の表れです。

あなたの奴隷化による幻想は、「解決策はわたしの手の届かないところにある」「何をやっても無駄だ」と信じさせます。

また、多くの人々は、表面的には愛や調和を主張しながらも、意識の周波数を上げることなく、三次元の汚染と分離に影響を与える方法で行動または思考することによって、そのような現実を遠ざけています。これらは痛みと苦しみ、戦争と不平等を強める現実です。

この古いパラダイムを変換するには、閉ざされた箱から出て低波動の意識を見直す必要があります。

あなたが真に人道的か、あるいは分離から行動をしているのか？

その重要な判断基準は、あなたの意識の周波数がどれだけ目覚めていて、あなたのすることすべてに高波動の火が灯っているかどうかです。

分離のない真に人道的な行いを成すには、あなたの意識とあなたの資源を大幅に向上させる必要があります。

＊＊＊＊＊＊＊＊＊＊＊＊＊＊＊＊＊＊＊＊＊＊＊

ライブフィードリアリティチェック：第４章で説明したように、繰り返し何度もライブフィードに立ち返ります。

あなたが愛に満ちた進化的人間であると信じているなら、それはあなたのライブフィードにきちんと現れていますか？

あなたが他の人と交流し、反応する時、あなたの意識はどれくらい関わっていますか？

あなたはどれだけの愛、光、喜び、繋がりを持っていますか？

あなたの意識がライブフィードにどれだけ関わっているかを深く見ることで、三次元プログラムによって意識が停滞している場所を知ることができます。

＊＊＊＊＊＊＊＊＊＊＊＊＊＊＊＊＊＊＊＊＊＊＊＊

☆四次元スピリチュアリティの概念的な意識

四次元の機械的で体現されていないスピリチュアリティは、意識の質を損ないます。四次元には、実際には生きることも具現化させることもできない概念的すぎる低い意識があります。

四次元意識の特徴は、利己的なアジェンダです。例えば、ご都合主義なスピリチュアルな道をたどるような、世界で起きていることに対して責任や行動をとらない人。彼らは「私は現実を超越《ちょうえつ》している」などといった観念の中にいます。

そのようなタイプは、いつも瞑想をすることで、自身の波動を守ることのみが唯一の貢献であると考える瞑想愛好者の中によく見られます。

それは、「世界で起こっていることは、私とは何の関係もない。マットの上で瞑想することで私は貢献しているのです」という態度そのものに現われています。

確かに、瞑想は必要な内なるワークの一つです。しかし、それはあなたの意識を進化させることで人類に対してできる最も深い貢献をするためであり、決してあなたの気分が良くなるためだけではありません。

そのワークは自己満足ではなく、「与えること」についてでなければなりません、そしてそれは「純正」でなければなりません。純正であると感じられるのは、それが具体的でエネルギッシュだからです。

つまり、観念の世界に浸って自己満足感を得るという低レベルの意識ではなく、人類全体に対する貢献としての「現実での覚醒」に至るプロセスこそが瞑想という内なるワークなのです。なので、あなたに対して「目覚めている」と信じ込ませようとする四次元プログラミングの微妙な力を過小評価しないように、くれぐれも肝に銘じてください。

＊＊＊＊＊＊＊＊＊＊＊＊＊＊＊＊＊＊＊＊＊＊＊

ライブフィードリアリティチェック：あなたが今「意識」であると信じているものに対して、非常に慎重に問わなければなりません。

それは本当に世界全体と関わっていますか？　それとも、あなたは実際には妥協した意識と妥協したエネルギーシステムで四次元にいますか？

＊＊＊＊＊＊＊＊＊＊＊＊＊＊＊＊＊＊＊＊＊＊＊＊＊＊＊＊＊＊＊＊＊＊＊

また、模倣も、四次元の概念化された意識の特徴です。

模倣とは、「意識的な人の習慣」をただ真似る行為です。これらのステレオタイプの行動は、多くの場合、もっともらしい決まり文句に満ちていますが、それは五次元のものではありません。

☆刷り込みの再構成

人間の潜在能力開発の（ヒューマンポテンシャル）分野、そしてスピリチュアルな分野においても、人類、地球、現実のこれまでの限界を超えて行く時が到来しています。

ですので、あなたの意識が五次元の鼓動をあなたの現実にもたらすことができるように、三次元／四次元の刷り込みに疑問を投げかけ、再構成する準備をする必要があります。

あなたは、意識的であろうと無意識であろうと、その刷り込みを手放さないことを選択しているかもしれません。そして、ほかの誰かのアジェンダが繰り返しそれを刷り込んでくるのを許したままかもしれません。

進化的でないものはすべて、明らかに有害な固定観念、焦点を外させるもの、誤った情報によって道を逸らすように設計された三次元の刷り込みなのです。

あなたの刷り込みを再構成して、あなたの生物的条件、マインド、ハートに力を与え、強化し、現実をシフトさせる必要があります。

それらを論理的に紐解いていくことも、低波動の刷り込みを解決する上で非常に重要な役割を果たします。

ここで重要なのは共鳴です。完全に目覚めた意識を優先するようになると五次元の現実が現われますが、それは妥協した波動を自ら変更した時にのみ現れるからです。

これが、ライブフィードが非常に重要な理由です。あなたの気づきによって、三次元で乗っ取られた場所を確認できるのです。そしてそこから、三次元の現実よりもはるかに大きなものと繋がります。

あなたは文字通り自分の内側に手を伸ばし、あなたのプログラミングの枠を超えた、ハートに根ざし、より愛に満ちた自分を見つけます。その部分に繋がると、再起動して三次元のすべてのものに覚醒の光が浸透していくのが分かります。

すると、文字通り、それまでの現実の構造と痕跡《こんせき》が解体されていくのを感じます。どんな乗っ取りにも揺るがない、時空を超えて本物であると感じられる、あなたが繋がるその部分こそが、あなたの本来の「意識」です。

そして、その光を通し、それと一緒に座って、それを知り、発展させ、成長させ、瞑想するのに費やす時間が長くなればなるほど、三次元の刷り込みを一掃して五次元で生きることができます。

☆「戦略」はない、あるのは神聖な資源のみ

三次元および四次元では、意識を高めるには何らかの「戦略」が必要であると教えられることがあります。しかし、それは大きな目覚めをもたらさないでしょう。

高波動の意識に至るための戦略はなく、そこにあるのは神聖な資源だけです。

最も重要なのは、もともと備わっている五次元の高波動意識、すなわち神聖な資源への気づきとその体現であって、それがされない限り、いくら四次元情報や各種のスキルを学んだとしても、意識と現実に進化的な影響を与えることのない、表面的な儀式としてのツールを得るだけです。

私たちは「今ここ」で、この惑星で、無限の可能性や天才性を持つ私たちの意識をフルに活用できるようにする必要があります。

これまでの社会では、特別な意識は手の届かないところにあると信じるようにプログラムされているため、それを把握するのは難しい場合があるものの、しかしながらそれは真実ではありません。

意識の進化には、内なる神聖な資源を認めそれに身を委ねること、そして内なる課題を認め手放すことの両方が同時に必要です。

広く目を覚ますことによって、あなたのユニークな進化の課題を認めることができ、あなたは意識と現実の進化をすぐに目撃するでしょう。

それゆえ、あなたはあなたの現実に対して責任を負います。あなたの資源は生命力、すなわちあなたが経験しているすべて、あなたがするであろうすべてです。

あなたの資源は平和、そして身を任せることです。

あなたの革命的な資源は、この真実と運命です。

あなたの資源は驚くほど実用的な自己認識です。完全な沈黙から、信じられないほど素晴らしいものが生まれます。これは前例のない人類の進化です。

このワークは意識的な繋がりを与えてくれるので、「これが私の中で癒やしを必要としている部分だ」または「これが私自身を癒やしてくれる（より広大な意識としての）私だ」と真に認識することができ、何があなたを導く神聖な声なのかを聞き分けることができます。

それは、あなたが毒性の影響を超えてあなたの人生を信頼し、知的に生きることを助けるでしょう。そしてそれは、あなたのハートからもたらされるより大きな真実と共に人生を生きることを可能にします。

私たちが、執着に囚われず、自由意志を利用してこの高次の知性に入ることを選択する時、意識の新しいフロンティアが与えられます。意識を高波動へと進化させ、それを実際に生きられるように変容する——これが「現実における覚醒」です。

なぜなら、私たちは自我への執着を超えて完成し、進化し、古いパラダイムの進化プロセスを超えて移動し、意識と現実をつなぐ重要な覚醒に入るからです。

瞑想するために人生を一時停止するのではなく、瞑想状態のまま生きるのです。そこでは私たちの運命は目覚めています。

一方、制限のある意識は、現実に天井を設けます。

しかし、五次元では、故意に制限されている目覚めの概念や現実といった、スピリチュアリティの限界から抜け出すことができます。

神聖な気づきの力と意識のトレーニングは、この天井を設けられた現実を疑問視し、それを打ち破ります。それはサイキック（超能力者）になるという話ではなく、高波動の量子的意識を活用していくという実践です。これが新しいパラダイムの認識であり進化なのです。

古いパラダイムによる低波動の認識には、焦点に深みがなく、未解決のアジェンダ、トラウマの投影、ドラマ、不安や恐怖が含まれます。

しかし、五次元では、現実的な自己認識と、地に足がつき余計なドラマのない、進化と変容に専念しており、人生自体がそれを反映します。このレベルの目覚めは私たちを人間としてさらに完成させていくため、永続的に生命力を解き放ち続けます。それは堅実で極めて人間的です。これは革新的であり、人生・生活の質、現実、そしてあなたの未来を一新します。あなたの高波動の意識と目覚めは運命のチャンスをもたらし、強力に創造力を発揮します。

☆五次元の光とライトワーカー

五次元では、光が最も重要です。私たちがこの惑星で私たちの現実に力を与え、影響を与えることができるように、進歩的な高波動意識の完全な承認、認識、体現が必要です。

高波動意識こそが、真実を開示し、普遍的な知性へと私たちを導くのです。

人類にはいくつかの道が用意されています。1つは光の道であり、もう1つは進化と愛を妨害して、進化を一時停止します。

私たちが気づきの力を取り戻したら、本来の知恵に基づいて、個人および人類として成すすべての旅を認めて完全になります。

この認識は、真実、平和…そして現実、地球、人類、未来に対する責任を引き受けていく、純粋無垢な意識の目覚めをもたらします。私たちがそれを選択すると、地球、人類、未来を自ら管理する権利を勝ち取ります。これが五次元の光の道です。

光はあらゆる次元、あらゆる時間の構造です。しかし、三次元は光を遮断します。それは時間の中に私たちを凍結し、私たちの進化をも凍結します。

特定の時間に凍結されている場合、あなたはライトワーカー（光の使者）になることはできません。凍結は、あなたを有毒な物語に閉じ込めます。

しかしあなたが真にライトワーカーとして生きることを選んだ時、氷が解け、すべてのストーリーと可能性に取り組むことができ、再びパワフルな集合体の一員、そして光になります。これは革命的な五次元の存在の鍵です。

私たちは、エゴへの執着という制限を徹底的に見直すまで、ライトワーカーとして奉仕を進めることはできません。革命的な光の使者となるためには、すべての低ドラマの現実を織り込む必要があります。

つまり、過去の心の傷を自ら治癒する才能を進化させることです。あなたの本物の旅は、自己と他者の傷を深く尊重し、より完全な進化と現実への道を示します。まず傷を認め、織り込む（それを変容させることで新しい自分を創る）プロセスによってあなたの中の奴隷が解放されます。この事実が奇跡的な癒やしをもたらします。あなたの内なる光を照らし続け、あなたの周りの人が高波動である時とそうでない時を認めてください。あなたの光を増やしてください。高波動を選択し、自分で選択していない時間を把握してください。

これが、あなたが一瞬一瞬の現実の旅で真っ白な光のままである方法です。

表面的な実践は神聖ではありませんが、私たちを光と結びつける実践は神秘的であり、並外れた癒やしをもたらします。あなたに命を吹き込みます。

この道のりはすべての中で最も人間的で人道的です。そこであなたはすべての光を見ることができます。したがって、あなたは毎日変容を認めます。あなたは自分の気づきを使って、あなたの道、あなたの運命へのより深い理解を日々得られることを知ります。

そうなったらもう一つやるべきことがあります。それは身を委《ゆだ》ねるということです。

「私の運命、私の目的はこれであり、これこそ私が耳を澄ますことであり、私の究極の真実として耳を澄まし続けるものです」と言わなければなりません。

その真実にコミットすることはあなたの神聖な実践です。永遠の旅です。

本物のスピリチュアリティに専念する旅に足を踏み入れると、人々の行動の根底にある動機、そして進化の機会を与えるためにどのような現実が契約としてもたらされているかを理解します。

そしてその後、大いなる許しに足を踏み入れることができます。それは、あなたがどんな罪悪感、痛み、または怒りからも自分を解放することができるよう現実を促してくれます。

この感情に向き合う期間を過ぎた時、あなたは自らの光の中、より強力にパワーを授けられます。

どうか光に沿って進化的な道を選んでください。しかし、光の道を選んでいない人に乗っ取られることを許可しないでください。痛みや苦しみへの執着があるかどうかで、それが時代遅れのパラダイムかどうか見分けがつきます。

光の道は、人類に与えられたエリートパワーの神話と現実に飲まれることなく、変えていきます。つまり、光は世界の出来事に五次元の違いをもたらすものであり、最も効果的かつ本質的に人々を率いていく方法を示してくれます。

この重要な進化の時代に、これを認め、進化させなければなりません。

エリートパワーシステムは、三次元、四次元、および現在の五次元のタイムラインの出現を完全に認識しており、進化と現実をさらに一時停止するためにそれらを乗っ取っています。したがって、「現実での覚醒」という進化をもたらすには光の共鳴が必要不可欠です。

私たちが光の道を選択し、統合する光が多ければ多いほど、私たちはより純正になり、より人間になり、真の探求者、本物の戦士、そして地球上の真の進化の守護者となるのです。

《この章のまとめ》

意識と三次元プログラム

●現実は私たちが経験するものだが、私たちが経験する「真の」現実は、私たちの意識に依存する。

●三次元では奴隷化されたままなので、意識の尊厳や自由はない。

●今日私たち全員が直面している大きな課題と解決策に取り組むことから回避したい感情や思考があるなら、それは無力な三次元の奴隷と化したあなたの信念の表れである。

●三次元の恐怖のプログラムを解除し、五次元の共鳴を確かなものにするには、これらの乗っ取りに対して適切に認識および査定する必要がある。

四次元のスピリチュアリティにおける概念的な意識
●四次元の機械的で体現されていないスピリチュアリティは、意識の質を損なう。
●四次元には、実際には生きることも具現化させることもできない概念的すぎる低い意識がある。
●四次元に汚染された意識の特徴は、利己的なアジェンダである。
●**ライブフィードリアリティチェック**：あなたが現在あなたの意識であると信じているものに対して慎重に質問しなければなりません。
それは本当に世界全体と関わっていますか？　それともあなたは実際には妥協した意識と妥協したエネルギーシステムである四次元にいますか？

五次元の意識
●意識は五次元の鼓動である。
●あなたの意識が五次元の鼓動を現実にもたらすことができるように、神聖な資源や人類全体に対して貢献する必要がある
●私たちはこの地球上で、私たちの意識を「今ここ」でフル活用できるようにする必要があ

る。
●五次元では、故意に制限されている目覚めの概念や現実といった、スピリチュアリティの限界から抜け出すことができる。
●このワークは意識的な繋がりを与えてくれるので、「これが私の中で癒やしを必要としている部分だ」または「これが私自身を癒やしてくれる（より広大な意識としての）私だ」と真に認識することができ、何があなたを導く神聖な声なのかを聞き分けることができる。
●執着に囚われず、自由意志を正しく活用してこの高次の知性に入るとき、意識の新しいフロンティアが利用可能となる。

五次元の光
●人類に用意された道はいくつかあり、1つは光の道で、もう1つは進化と愛を妨害して一時停止する道。
●光は高波動意識の完全な承認、認識、体現のための必須要素であり、この惑星で私たちの現実に力を与え、現実に影響を与えることができる。
●気づきの力を取り戻したら、本来の知恵に基づいて、個人および人類として成すすべての旅を認めて完全になる。この認識は、真実、平和…そして現実、地球、人類、未来に対する責任を引き受けていく、純粋無垢な意識の目覚めをもたらす。

第6章

ヒーリング

☆三次元ヒーリングを超えて

五次元は平和への扉を開き、この扉が開くと比類のない癒やしの可能性を解き放ちます。

五次元ヒーリングとは、奇跡、そして神聖な現実への道を見つけることです。

完全なる平和を取り戻すことは、あらゆる希望と奇跡への道を明らかにします。

私たちは神聖な体験に感動するでしょう。これは究極の変容と進化であり、自分自身と人類に対する愛と平和の再発見です。もはや三次元に操作されることはできなくなり、その代わりに、私たちは高波動の五次元インフルエンサーとなったのです。

これからの時代には、それを先延ばしする時間はほとんどありません。

私たちは、私たちの現実、健康、知性を創造する方法に革命をもたらす天才性と愛への扉を開く必要があるのです。現代の生活様式が生命力、意識、健康を乗っ取るように設計されている以上、私たちは光をもたらす希望の存在として生きなければなりません。

そのためにも、毒性を持つ三次元ヒーリングに対する執着を解きほぐす必要があります。

不安を煽るドラマと恐怖、そしてそれに対する支配的な執着を超えていくのです。

五次元ヒーリングでは、あらゆる経験、物語、現実が神聖な目覚めと変容の旅の道しるべです。私たちは常に導かれ、真実は恐れることなく私たちに道を示します。

それにはまず、外側で何かを求めることに忙しくするのをやめ、静寂の中じっと内側に耳を澄ます必要があります。

人生のあらゆる場面において最も急を要する癒やすべき課題に対しての、実はこれこそが究極の進化的な意識の持ち方です。

☆三次元はヒーリングの可能性を制限する

三次元における肉体の治癒《ちゆ》は、操作された西洋医学のパラダイムに大きく依存しています。そしてそれはしばしば遺伝学を使用して、病気になる将来の可能性を決定します。

これは、エリートパワーに管理された研究分野、健康システムの利益、および関連技術に根ざした男性優位主義のパラダイムそのものです。

このパラダイムは、健康と病気に対する制限と恐怖の世界に根ざしており、それゆえ三次元的ヒーリングは癒やしの可能性を制限します。

そこから離れて、あなたが新しいヒーリングの技術を活用する方法を学ぶためには、あなたは「静寂の中にいる」ということをもっと知らなければなりません。

冷静になり、内面を見つめプロセスすることで、真のヒーリングが何かに気づくでしょう。あなたが努力しすぎている場合、立ち止まって静かな時間を持つことがあなたの助けになります。卓越した内なるワークは、物理次元を超えたメタフィジカルなものです。静けさの中、マインドがクリアになり、同時にハートの感覚が目覚め、内なるストーリーのすべてを統合できるようになります。

そのようにして五次元に入ると、三次元ヒーリングによる制限が緩和されます。

五次元は西洋の医療モデルを否定するものではありませんが、進化、癒やし、奇跡の自発的な新しいフロンティアに私たちを開いてくれるのです。

五次元の波動は、エネルギーシステムを進化させるため、心理的および身体的疾患の情報を書き換えることができます。これにより、自然治癒、再構成、および心の傷の波動をオーバーホールする可能性が開かれ、これが私たちの臓器と生体システムにポジティブな影響を与えます。

つまり、五次元に入ると、癒やしの機会は三次元的な時間の制限がはるかに少なくなるのです。

五次元においては、短時間に細胞レベルでの承認と解決策がインプットされ、遺伝子の再起動に影響を与えることができます。

ハートが目覚めマインドとひとつになる、これが「奇跡的な癒やし」のスイッチです。もう1つの重要なステップは、有毒な三次元の現実の構造からアップロードした恐怖を解き明かすことです。この強烈な操作と乗っ取りは私たちの生命力を破壊し、エンパワーメントと生態に大きな影響を与えます。

これらの操作は意識的または無意識的である可能性がありますが、いずれにしても、治癒プロセスは「トラウマの物語」から自分を解きほぐすことから始まります。

あなたが自分の物語に気づいた時、あなたは尊厳をもってそのトラウマを認め、受け入れながらも手放します。

そのプロセスにおいて、あなたは自己を注意深く繰り返し見つめ、エゴが避けてきたトラウマの層を一枚一枚明らかにしながら、完全に認識することが求められます。

そこに有毒な構造が深く定着している場合、それらは三次元であなたをロックし、癒やしからあなたをロックしていたことに気づくでしょう。

そのような深い癒やしと進化をもたらす五次元ヒーリングに対して、三次元ヒーリングはあくまで表面的なものであり、一時的な停止を余儀なくします。それは、メタフィジカル、天才性、奇跡といった人間の可能性を遮断し、私たちのハートや身体を蝕《むしば》みます。

これは私たちの生活全体でしばしば繰り返され、未解決の感情的、健康的、癒やしの問題に関する複数のテーマをつくりだしています。

トラウマが現実に反映されてくると、現状を変えたいと思うはずです。それは気づきを得るための人生のレッスンであって、同じモードを継続設定せずに、自ら波動を切り替えればそれまでの制限を外せる可能性が開かれます。

しかし多くの場合、同じモードを継続したままで、トラウマに対する戦略と表面的な解決策を頻繁に探そうとします。ですが、これは本物の癒やしではありません。

未解決のトラウマとドラマに対する継続的な愛着は、私たちの癒やすべき課題にマイナスの影響を与え、生命力と資源を攻撃し、それがエネルギーシステムをさらに侵害し、三次元の現実をより強化します。

これこそが私たちがしばしば不幸で不健康になる理由です。

このような三次元の現実を受け入れてしまうと、私たちの神聖なる知性は根本的に危険にさらされ、欠陥が生じます。

しかし、私たちは癒やすべき課題を健康への奇跡の基準点として活用することができます。崩壊と奴隷化の代わりに、癒やすべき課題をきちんと認識することで、個人としても人類としても、真実と新しい道を見つけることができます。

私たちの癒やすべき課題は、私たちが神聖なる知性に耳を傾ける準備さえできていれば、それによって目覚め、変容することができるのだと教えてくれています。

私たち全員が、人間としてそれだけ信じられないほどの能力を秘めているのです。

＊＊＊＊＊＊＊＊＊＊＊＊＊＊＊＊＊＊＊＊＊＊＊＊＊＊＊＊

ライブフィードリアリティチェック：考えてみましょう。

今日のあなたの、現在の癒やすべき課題は何ですか？

あなたを支配している執着は何ですか？

五次元に変換する機会を示す道しるべは何ですか？

生命力の質、波動、表面的な愛着、満足、平和とモチベーションを確認します。あなたが執着しているものの波動、そして現実の波動に細心の注意を払ってください。真実と自己を知るために、繰り返し確認し、認識し、より深く旅してください。

表面的な愛着の層を通過して、驚異的な癒やしのリソースに触れます。そこで真実を認識することが奇跡的変容のシンプルで天才的な鍵となります。

ここでは、あらゆる思考、感情、現実を活用して、認識の機会を解き放ちます。

あなたは、あなたが信じるように導かれた以上に、あなたが非常に豊かな存在であることを知って、それを経験します。

このプロセスは、次の3つの部分に要約できます。

1：あなた自身の道・旅を認めること
2：あなたの自由意思を進化させること
3：五次元の変容へ入っていくこと

＊＊＊＊＊＊＊＊＊＊＊＊＊＊＊＊＊＊＊＊＊＊＊＊

☆癒やしの新しいフロンティアとしての意識の進化

癒やしの旅では、この本でこれまでに述べたすべての概念を活用し、それらを実現します。癒やしを単に機械的なプロセスとして見るのをやめなければなりません。その認識はあまりにも三次元的です。

代わりに、意識とは何か、光とは何か、それらは何ができるかを知る必要があります。私たちは神性に還っていく時を迎えていて、そのプロセスを他の人と共有できれば、人類の希望に満ちた未来を現実のものにすることができます。そして、そのこと自体が私たちの世界に革命をもたらし、癒やす可能性を秘めています。

つまり、あなた自身がヒーラーとしてすばらしいテクノロジーであり、資源なのです。

ですが、それにはあなたが今どの次元にいるかが非常に重要です。

ステレオタイプの四次元ヒーリングのトレーニングは、多くの場合、ヒーラー自身に現実に対処する方法を教えていないため、不十分です。

彼らは、卓越した意識を体現し維持する方法、またそれぞれのクライアントのユニークな人生を認め、個別に癒やす方法を教えることはできないのです。

真の癒やしとは、私たちに完成をもたらす平和、愛、明け渡しのプロセスです。

四次元の表面的なプロセスにおける「癒やしの限界」を超越するためには、私たちは癒やすべき課題を聴ける内なる静かな場所に入る必要があって、そのために私たちは神聖な知性（神）にどっぷり浸り、身を委ねる状態を探求します。

このようなレベルではトレーニングを受けながら同時に自らの現実を形作っていく必要があり、そうなると「癒やし」が全く新しい方程式を帯びます。

あなたの中の資源を認識するために意識をトレーニングし、進化したより高い波動と次元の現実を活用できたら、真のヒーリングを行うことができます。

その癒やしのプロセスの中で、あなたの生命力を再構築し、あなたの信念、そして何よりもあなたの意識をさらに目覚めさせ、進化させるのです。

ここで神聖なる知恵に入っていきます。そこであなたはハートの新しいフロンティアに火がつけられ、感情と知性が統合されるので、あなたの歴史と現実を完全に認めることができます。

私たちの現実のクオリティの高さは、絶えず表面化する未解決の癒やすべき課題、そしてそれによって影響を受けるエネルギーシステムの質に依存していますが、それが変容の鍵となります。

つまり私たちの気づきの力が現実の突破口となって、私たちの人生を強力かつ意図的に生きるのに要する時間に対して革命的な影響を与えます。

ようするに、癒やすべき課題への傾聴とその時の高波動意識によって、従来型のステレオタイプのヒーリングでは不可能なトラウマの傷跡を完全に転化・修復できるのです。

これが五次元ヒーリングがもたらす自由と進化への旅です。

一方、三次元や四次元のステレオタイプの壁の中では、取り残された癒やすべき課題がそのままになり、これが危機が繰り返される原因です。この意味において、病気と活気の本質的な違いは、奴隷化を選ぶか自由を選ぶかであると言えます。

意識の新しいフロンティアに専念し、意識を進化させると、新しい現実を構築し、過去の低次の現実を超えます。私たちがこの旅に専念する時、私たちは革命的であることを選び、教育し、人類の進化を促します。

そしてこのことは、自分自身と私たちが住んでいる惑星を癒すための根本的な解決策を提供します。

最終的に自己のトラウマを認めることによって、私たちの家族、コミュニティ、そして人類全体への癒やしの役割を果たし、新たな可能性にアクセスするのです。

このように、新しい癒やしの現実を創造するために、私たちは常に自らの意識を磨くことを選択する必要があります。

私たちが五次元の新しいフロンティアに身を置くことによって、すべてのエネルギーシステムを変容させ、究極の健康状態に移行します。そこで現実のスイッチがあなたのものになります――これが意識による革命です。

☆神聖さに耳を澄ます

最高の癒やしは、表面的にはほとんど感知されません。たいてい目に見えず、静かに進行します。

本物の叡智、歩むべき旅は、はじめから私たちのハートの中に記されています。それに耳を澄ますことが大事です。

このように、進化のチャンスは私たちのハートの中にあるのです。

そこで行うワークはあなたの歴史を変え、直線的時間軸の中で凍りついた癒やすべき課題に革命をもたらし、生命力を枯渇させるものを根本的に見直し、あなたの未来を書き直すように影響を与えることができます。

したがって、汚染された従来の執着、思考、認識のパラメーターを押し上げる目的でデザインされたスピリチュアルな実践がとても重要です。

私たちは「今ここ」において、自由、進化的、意識的、愛である現実を選択できるように、目覚めの準備をしなければなりません。

神聖さに伏す内なる旅を辿ることによって、あなたはあなたの運命と繋がり、可能な限り最高の現実の選択をします。そして、人生、精神性、変容、進化における傑出した旅を継続的に選択できるようになるでしょう。

あなたの人生の経験と活動はあなたに愛を与えます。そして愛ある人間関係を介してあなたはより深く、神聖な癒やしの意識に入るのです。

その意識の通過儀礼を獲得したら、あなたはすべてが完璧であることを信頼します。その後、あなたは自由意志で最高の人生を選択し、超越的に人類と世界を導く最高の旅をすることができます。神聖な癒やしと深遠な人生の変容へのコミットメントが、縁のある魂と五次元の関係を引きつけるのです。

これは、三次元／四次元の有毒な現実がデトックスされた、あなたの運命を聞くことができる人生で最も神聖な場所です。ここでは、愛、健康、人生の質の新しいフロンティアに入り、それらを制限するものは何もありません。

このような真実は、時に馴染み深い三次元への執着心を揺さぶるかもしれません。もしそうなら、そこであなたの反応を観察してください。そこでどう対処するかはあなたの自由ですが、あなたが変容や進化を望むのであれば、あなたはより高い波動を選択しなければなりません。不健全で愛情のない現実にあなたのパワーを与えないために！

それはあなたが今、選択できます。

あなたが誰であるかに耳を傾け、あなたの運命を知るために、あなたは乗っ取られることをきちんと拒否する必要があります。

神聖な愛によって自分自身を癒やし続けることを選択するすべての個人、もしくは人類にとっての未来は、まさに進化と愛です。

神聖な愛に感動すると、マインド、ハート、生態の現状が奇跡的に変換されます。

私たちは、毎日、汚染された執着、感情、思考に現われる心の傷を認識せざるを得ませんが、それをあなた自身で癒やすことができるのだという認識そのものが変容であり進化です。どんな時も、神聖さとはただ純粋な愛そのものであり、あらゆる意識と現実において永遠に存在し続けているからです。

これは、有毒でエリートで反進化的な現実をいとも簡単に解体することができる意識的な革命であり、今人類において最も必要な認識です。

私たちが神聖な知性に耳を傾ける時、私たちは卓越した新しい教育と人類の道を発見します。これらのギフトは、すでに私たちが知っていると信じているものをはるかに超えています。もちろん、それは深遠で究極の覚醒であり、神聖な体験です。

私たちは神聖な知性に対して感動を覚えます。そこで私たちは信じていた以上のことを経験します。神聖な知性は時間を超え、すべての真実を知っています。これは永遠に私たちを刺激し、さらに進化させるように導きます。

＊＊＊＊＊＊＊＊＊＊＊＊＊＊＊＊＊＊＊＊＊＊＊＊＊＊＊＊＊＊＊

人類の傷を超えて：五次元ヒーリングプラクティス――神聖さに耳を澄ます

深呼吸をしてください。あなたの内側に平和を見つけたら、あなた自身に耳を傾けてください。

あなたの脳（マインド）に入ります。あなたの思考・考え方を見てください。あなたの脳、あなたの知能の状態、あなたの知性のエネルギーを見てください。

あなたはどんな思考を持っていますか？　今、目の前の現実はどんな状態でしょうか？

あなたが瞑想を使って意識を高め、進化させる限り、今あなたがどの現実にいるかは関係ありません。

マインドを開いてください。いま、あなたはより大きく、より大きな意識と現実の中にいます。

ゆっくりと深く呼吸してください。そして、癒やされるということを自分に許してください。

五次元ヒーリングのプロセスを最大化するには、自分の思考を観察し、毒性を修正する必要があります。まず自分自身の思考パターンを認めてください。「あまり良くない」ネガティブな思考に陥るたびに、それを転化して、自分でプログラムを書き直しましょう。

そう、あなたは常に改善しています。完全なる平和の感覚がそれを可能にします。その平和の中、あなたは癒やされる必要があるものを認めます。そして、あなたがどうなりえるかを認めます。こうしてあなたの波動が変わると、さらに自らと深く繋がります。しっかり繋がったままでいてください。

次にあなたのハートに注意を向けてください。ハートに意識を向けると、ハートとマインド両方の状態が変わっていきます。エネルギーをモニタリングし、観察します。何が支配的であるかに注目してください。そして低い波動は変換して進化させます。あなたの意識があなたの現実にどのように影響しているか、神聖な知性に耳を澄ましてみましょう。

その内なる声を聴き、本来の自分自身を見つけ、基準点となる五次元の現実のスイッチを何度も見つけてください。

気づきが正確になり、自然に高波動に変換できるようになるまで練習し、それに専念してください。

これは自分自身との繋がりへのコミットメントです。これを繰り返すことによって癒やしが必要な自己と現実を認め、そして無限の進化の可能性を認めることができます。

あなたはあなたの進化を夢見て、自らそれを創造します。

そのような神聖な体験への通過儀式において、あなたはそれまでの三次元や四次元の旅では経験したことのない神聖な愛そのものの中に入ります。

これは、深遠な奇跡の現実です。あなたは五次元です。そこで静けさを保ってみてください。平和を保ってみてください。そうでない、他の現実、疑念や条件付けを超えて。

そして、徐々にあなたは表面的な現実を完全に通過し、エネルギーシステムを完全に再起動します。

このような高次の覚醒は、あなたの身体を駆け巡り、戦略的思考なしに、自然に進化し、楽に変容させます。これがあなたの聖なる再構成です。

＊＊＊＊＊＊＊＊＊＊＊＊＊＊＊＊＊＊＊＊＊＊＊＊＊＊＊

☆五次元マトリックス内で独自のヒーリングアプローチを見つける

五次元の人生、すなわち質の高い高波動意識に専念すれば、制限を超えて自由になる方法を選択できます。制限は、プログラミングに起因し、それはつまり他者をどのように知覚しているか、また他者からの影響をいかに許可しているか、ということです。

私たちの進化の契約は非常に明確です。私たちが変革の旅を手に入れ、完全な癒やしに専念するようになると、障害、制限、恐れが取り除かれます。

あなたの目的はあなたの神性であり、あなたの神性はあなたの運命です。ここでは、最適な健康と幸福を維持および向上させます。

あなたはハートの可能性をすべて満たし、生命力を充分に満たしています。これは非直線的なアプローチであり、非三次元です。

これで、より本格的な進化の道を確保できるようになりますが、これらの現実は私たちの中で認められ、私たちによって選択されなければなりません。

私たちは進化し、私たちの人生と人間関係における汚れのない意識を高めます。そのために乗っ取りまたは汚染を認識し、見直しの準備をする必要があります。

人々は通常、ライブフィードの質を身体的な病気や回復と結びつけませんが、内なる物語の鏡として認識する点で、ライブフィードはとても重要です。

気づきの力を高めると、ライブフィードを通して内なる物語との繋がりが認識され、危機に陥って重大な崩壊に陥らないように、健康を保ち、幸福でいられるよう予防策を講じることができます。

この鍵となるのは、慎重な気づき、そしてトラウマと献身的な実践に対する確固たる責任を負い、地球上での時間を強力に活用するというビジョンを確実に実現することです。

癒やしと変容をもたらす新しいフロンティアは、決して一般的であったり、一過性の表面的ものではありません。一般的な癒やしは永続的な結果を伴わない表面的なものですが、五次元のマトリックスはあなたの人生できちんと結果を出せるので、あなたはさらにモチベーションを持って実践でき、そうなればライブフィードと人生は魔法に満ちたものとなります。それが私たちが向かうべき場所です。真のヒーリングは魔法であり奇跡的です。私たちは、卓越した進化的アジェンダを利用して、私たちを真実と神聖な目的に戻します。

現実と意識は、神聖な目的、そして希望と進化のメッセージを伝えます。このように、真実と非真実が明らかになっていくこれからの時代に私たちが何を選択するかはとても重要です。

もはや何も隠された状態のままにすることができず、個人の現実でも全体像においてもより多くの真実が白日の下にさらされていきます。

制限のある表面的な癒やしを超えて、ユニークで神聖な存在としての創造へと私たちを動かす――これが究極の五次元ヒーリングであり、高波動の現実です。

《この章のまとめ》

五次元ヒーリングへの移行

●三次元は治癒の可能性を制限する。五次元に入ると、三次元ヒーリングによる制限が緩和される。

●五次元は西洋の医療モデルを排除するものではないが、進化、治癒、奇跡の自発的な新しいフロンティアに私たちを開いてくれる。

●五次元ヒーリングとは、奇跡、神聖な現実への道を見つけることであり、完全な平和を取り戻すことは、あらゆる希望と奇跡への道を開く。

●新しいヒーリングの技術を活用する方法を学ぶためには、「静寂の中にいる」ということをもっと知る必要がある。

●もう1つの重要なステップは、有毒な三次元の現実の構造からアップロードした恐怖を解き明かすこと。

ライブフィードリアリティチェック：五次元ヒーリングの現実への移行を可能にする道標となる、あなたの現在の癒やすべき課題は何ですか？

癒やしの新しいフロンティアとしての意識の進化

●癒やしを機械的なプロセスとして見る認識はあまりにも三次元。そうではなく、意識とは何か、光とは何か、そして何ができるかを知る必要がある。私たちは神性に還っていく時を迎えていて、その権利は私たちの手の内にあり、そのプロセスを他の人とも共有できる。

●癒やしとは、平和、愛、明け渡しのプロセスであり、完成をもたらす。表面的なプロセスによる癒やしの限界を超越するために、私たちは神聖さに耳を澄ます内なる空間に入る必要がある。

●真のヒーリングは、あなたの生命力と信念を再構築し、そして何よりも意識をさらに目覚めさせ、進化させる。

●最高の癒やしは表面的にはほとんど感知されず、たいてい目に見えず、静かに進行する。本物の叡智、歩むべき旅は、はじめから私たちのハートの中に記されている。それに耳を澄まし、そこで行うワークがあなたの歴史を変容させ、癒すべき課題に革命をもたらす。

第7章

五次元の愛

☆愛とプログラミング

もし、ハートの鼓動の中で、最も大いなる愛のストーリーの中で、私たちがすべての瞬間とすべての人生の経験において、真に思いやりと繋がることができたらどうでしょうか？

これは五次元の愛であり、その中には私たちの存在の秘密と天才性を知る能力、資源、そして輝きがあります。

五次元では、概念ではなく、本物の愛が最も重要です。次元を変換する必要のあるものはすべて、愛の中で抱きとめられ、進化させることができます。

愛がなければ、常に制限の箱が存在しますが、愛があれば、箱は粉々になり、打ち砕かれ、そして進化します。

ここで、愛は、執着、回り道、誤解、誤った判断、巧妙な虚偽のゲーム、自己中心のアジェンダ、隠蔽《いんぺい》するエリート主義といったすべての三次元の層に浸透することができます。

愛の最大のスピリチュアルプラクティスは気づきであり、常に意識と現実の新しい道を選ぶことです。愛の最大のギフトは、愛と光を否定し、ハートを閉じたままにさせる有毒な三次元の刷り込みの層を剥ぎ取ることです。

三次元的な愛は夢ではなく、傷に根ざしていますが、五次元の愛では、奴隷化とは何であるかを知る、つまりそれは「幻想である」と見ることができるのです。

私たちは愛によって、エゴによる課題、無関心、恐怖、必要、欲を打ち砕きます。

そうすると、資源が復元されます。生命力が回復します。新しい目的が生まれます。

そして、愛そのものを現実と進化の道として優先します。

こうして、私たちは、愛と進化を具現化するグラウンディングされた知的戦士としての人類の真値に目覚めるのです。私たちは誰もが愛を夢見ていますが、この信じられないほどのチャンスの中に、本当に恐れずに飛び込んでいける人は一体どれくらいいるでしょうか。どれだけ恐れずに愛せるか、それこそが私たちの進化、私たちの運命、時間と人生の天才性を定義づける魔法なのです。

すなわち、進化することとは愛することであり、愛がなければ、乗っ取られた遅い進化しかありません。なぜなら、あなたはまだ三次元で、未解決の、そして継承された凍った傷口に閉じ込められているからです。

愛と進化の道は、自分自身を知る道です。そして、自分自身を知ることは三次元プログラムを排除することを意味します。

あなたの旅に力を与え、光の中しっかり立っていられるよう、新しいフロンティア意識の中で三次元プログラムに強く取り組む必要があります。

あなたは、新たな運命の扉、すなわち意識と現実の高速化の扉の前にいます。

あなたが扉の前で「イエス」と言えば、扉は完全に開かれます。もしそこであなたがはっきりと「イエス」と言っていないなら、あなたは古いパラダイム、有毒なエリート主義とステレオタイプに「イエス」と言っていることになり、それは愛と進化の新しいフロンティアに入るチャンスを放棄することになります。

あなたの有毒なプログラムは、あなたを純粋な愛、そして変容の可能性から締め出しました。それはあなたを光と愛から切り離し、あなたが誰であるかの気づきを失うようにしました。そのような有毒なプログラムを稼働し続けると、あなたは本物の愛の可能性をほとんど失います。

しかし、あなたは愛を優先し、資源と希望を回復する能力を持っています。真の愛を理解することで、コントロールのアジェンダ、ドラマ、痛みの物語への執着を解くことができるのです。

その五次元の本物の直接的体験は、愛の中で、そしてさらに愛するために、何度でもあなたを蘇生させてくれます。

そのために、あなたは目覚め、気づき、現実的で、本物でなければなりません。人間の潜在能力開発の分野にさえも「セーフゾーン」が存在し、そこにプログラミングが存在しているからです。

これまで、実際には三次元の愛のプログラムまたは四次元の概念化された愛に縛られてきたために、真の愛を経験していません。五次元の愛に移行するには、とりわけ質の高いワークに取り組む必要があります。五次元の愛に移行するということは、情緒的な知性を発展させて世界のために進化する、恐れずに愛する人間として成長することです。

三次元や四次元を唯一の神とする限り、それは甚だ困難です。したがって、三次元プログラムとそれへの執着に疑問を投げかけ、自らそれを打ち破ることを本当に選択しない限り、あなたのライブフィードには三次元が投影され続けます。

あなたのライブフィードは、あなたに対して

人間の可能性と人生の質を制限する三次元と四次元の愛を続けたいか？

それともお決まりの愛のパターンをはるかに超えて、奇跡の世界に足を踏み入れることができる五次元の舞台に参加したいか？

という問いを投げかけているのです。

あなたは、プログラミングに制限されたハートと愛で生きたいですか？　それとも知恵と知性に根ざした真に独創的なハートで生きたいですか？

思考、感情、行動に縛られている自分自身のすべての部分を深く自問自答し、それを恐れることなく受け入れることによって、最高バージョンのあなたになることができます。

☆三次元のステレオタイプの愛

有毒、もしくは役に立たないプログラムによる解体すべき点の一つは、ステレオタイプの愛に対する執着を認めることです。

「男性はかくあるべき」「女性はかくあらねばならない」などといったステレオタイプは、三次元の奴隷化に縛られ、愛と進化から締め出されるように設計されています。

したがって、ステレオタイプへの執着を再評価し、愛のステレオタイプを再現する三次元の思考と感情に費やす時間について非常に明確にする必要があります。

これらの迂回路は愛の失望をもたらします。そして、このプログラミングは強力です。本当に強いのです。それは子供の頃から有毒な影響を与えており、あなたの前の世代で繰り返されてきました。

毎日強化されているので、あなたを誤解させ、混乱させ、愛とは何かを知っていると思わせます。しかし、今まで経験してきた愛がステレオタイプばかりなら、それは明らかに三次元に固定化されています。

ステレオタイプは、部分的な真実のみに焦点を当てた低波動に私たちを固定化します。私たちはそのような奴隷化されたステレオタイプに自分自身を見出し、そしてそれらを他者にも投影します。

その凝り固まった価値観は真の愛、進化、理解とはあまり関係がありません。私たちの最も近い関係においてさえ、ステレオタイプはしばしば真の愛にとって重大な障害となるのです。なので、真実の愛の感覚と、プログラミングによる愛の感覚、両方を関係性の中で感じる場合があります。

当然、私たちは恋に落ちますし、そこで真の愛を経験している時は一時的に五次元で自由ですが、その後また三次元に戻って、型通りのパターンに大きく傾倒してしまうのです。

こうして未解決のトラウマは、恋愛関係においても不健康な投影によって繰り返される現実となります。

三次元のステレオタイプの愛は、パートナーを制限の箱の中に封印してしまいます。それゆえ彼らは行き先がなく、未解決の傷に気づく可能性も解放される通路も見出すことができません。

ステレオタイプが何を意味し、どんな感じがするかを理解し、解体するために、あなたはまず自分自身を愛し、人類（男性も女性も等しく）の真の価値を認めなければなりません。愛を概念化して、三次元で語ることはできないのです。

痛みと苦しみへの執着をなくし、ステレオタイプを超え、真実を知り、感じ、愛でないものを知り、感じ、より良い未来を選び、舵取りするために、あなたはハートから進化し、ワークしなければなりません。

自己と他者の両方を高めるためには、ステレオタイプを超えて五次元の愛へと昇華する必要があります。つまり私たちの内にある驚異的な、神聖な女性性と男性性を、関係性の中で完全に体現する必要があるのです。

意識が特定のステレオタイプに集中している場合は、そのステレオタイプで相手を規定するため、他の選択肢や可能性が見えません。

あなたの周りの人々の意見に注意し、彼らがあなたをステレオタイプの箱の中に入れるかどうかに注意してください。

そして、あなたの一人の人間としての生活を神聖にし、何が最も重要かについて明確にしてください。それが活気にあふれた人生をもたらすので、神聖で価値のある関係に専念してください。

それは、三次元プログラムの刻印とステレオタイプを削除することによって得られます。

したがって、私たちが執着しているすべてのステレオタイプ、ラベル、マスクを一掃する必要があります。

そして、私たちはもっと平和で本物のスピリチュアルな旅を始める必要があります。

あなたは男性または女性として、自分をどのように認識するかは非常に重要です。

「私は男性らしくいなければならない」、または「女性らしくいなければならない」という信念を打ち破り続けなければなりません。

カップルのうち、一人が本物の人生を歩みはじめると、もう一人も一緒に歩みはじめ、パワフルに高め合い、刺激し尊敬し合い、共同創造をはじめます。そこで、相手に恐れと制限を投影しないことを選べば、愛と自由を確実に手にすることができます。

その次元の上昇は、私たちの傷を深く癒やすことができる神聖な女性性の知性そのものです。

それを明確に具現化するために、あなたが愛とパートナーシップを見る時、三次元のステレオタイプやプログラミングを投影しないことを意識してください。

ここで私たちは旅と関係性を進化させます。これは神聖な愛の機会です。

＊＊＊＊＊＊＊＊＊＊＊＊＊＊＊＊＊＊＊＊＊＊＊＊＊＊＊＊＊＊

ライフフィードリアリティチェック：三次元のステレオタイプはあなたの関係性のどこにまだ現れていますか？

他人を制限の箱の中に閉じ込めてしまうのはどんな時ですか？

五次元の愛に移行するには、どのステレオタイプを解体する必要がありますか？

＊＊＊＊＊＊＊＊＊＊＊＊＊＊＊＊＊＊＊＊＊＊＊＊＊＊＊＊＊＊

☆ハートを開く

あなたはハートに基づいた道と現実に重点を置く必要があります。それが知性と存在に対する全く異なった理解へとあなたを導くからです。

従来のプログラムされた箱に収まらない人にとって、これは常に存在するビジョンと知恵であるため、五次元への道としてハートを開くことは簡単に受け入れられるでしょう。

傑出したワークは、すべてハートと高波動によります。ハートの道は愛についての三次元や四次元の知識を超えているため、エリート主義者、知的秀才は必要ありません。

そこではあなたは本物であり、痛みや苦しみに支配された現実に執着せず、真の愛に対する大胆不敵な献身を開始します。

スピリチュアルな道の上で、そして旅を分かち合う上で、ハートを開くことは何よりも重要です。それはお互いの存在と境界線を大切にしながら共に愛情深く進化する、という神聖な愛を尊重することを意味します。

概念化を超越して、真の癒やしとスピリチュアルな現実を創り出すということです。ハートと愛に入ることでもたらされるのは、あらゆる傷、執着、癒やすべき課題を強力かつ楽々と統合させるテクノロジー、つまり神聖な結合です。ハートを開くことによって、神聖な自由を獲得するために必要な大胆不敵さの中に入ることができるからです。

このように、私たちの真実への献身は、多くの並外れた解決策を解き放つ助けになります。三次元や四次元においては、私たちは閉じたハートとマインドの中に存在しているため、そのドアは閉じられています。

しかし、私たちは皆、ハートとマインドを開き、最高波動の道を発見するための資源を持っています。

自らの意識と現実に対して問いかけ、私たち人間が痛みと苦しみを排除した新しいフロンティアの可能性にハートを開いていましょう。

これからの時代において、あなたの旅は、前例のない、未知のものを信頼する必要があります。あなたがより大きな神聖な知性の場所からあなたの現実を操縦できるように、まず自分自身が愛にコミットすることにオープンであることを許可してください。

それは自己を知ることです。傷ではなく、永遠の愛のビジョンと現実を反映することを選択した自己です。これが実践です。

そしてそれは人生の質とバランスの取れた積極性をもたらします。それはあなたが誰であるかを向上させ、あなたの人生を質的に向上させます。

あなたがあなたを愛し、愛を受け取ることができるようになれば、人々があなたに引き寄せられます。そしてその愛〈本物の愛、完全な愛、無条件の愛〉は、人々が真に癒やされ、変容するのを助けます。それはあなたにとって非常に興味深い濃密な時間となります。

本物のスピリチュアリティを理解し、愛を理解し、これら2つの繋がりを理解します。

****

ライブフィードリアリティチェック：常に気づきの力を高めて、ハートが五次元の高波動にあり、完全に、無限に開いていくような感覚の時を識別します。そして三次元にその感覚が抑え込まれた感じがしたら、それを認識して進化させます。三次元の愛のプログラムでまだロックされているあなたの部分を明らかにし、認め、超越するための重要なツールは、発展した意識と、ハートによる精密な気づきの力であることをよく思い出してください。

＊＊＊＊＊＊＊＊＊＊＊＊＊＊＊＊＊＊＊＊＊＊＊＊＊＊＊＊＊＊

☆自己への愛

私がこれまでに出会ったすべての物語は、人生のあらゆる次元での愛の癒やしの物語です。これには自己への愛が含まれます。

愛は最高の波動であり、私たちがそれを明らかにし、自分自身でそれを感じるために内なるワークをしない限り、私たちはそれを知ることができません。

純粋に、無垢に、私たちは、自己愛とより進化した愛を再発見することに専念し、それによって深遠な愛の存在として寛大になります。

私たちを自己、人間性、愛、真実から隔てるステレオタイプを癒すのは、真の認識と自己愛を通してです。そうして私たちは時間、現実、未来に革命をもたらし、未来の世代をも解放します。

私たちは、自分自身を自己愛と自己受容の場所に連れて行かなくてはなりません。

「自分が誰であるか」を、力を抜いて眺めることができた時、それが分かります。その平和で完全なポイントを見つけられたら、あなたは本来の自分でいやすくなり、関係性のダイナミクスも変わってきます。

そして、あなたが自分自身を変えると、人々があなたにどう反応するかが変わります。そして自由になります。

例えば、あなたは人間関係で「受け取る」ことができるように、「強い人」であることを超えて変容する必要があるかもしれません。

ここで、古いパラダイムのスピリチュアリティ、痛み、苦しみを感じるかもしれません。このプログラミングでは、「与えること」を誤解しているからです。

ここでは傷口は未解決のままです。これは相手をコントロールする道筋と有毒な執着を生み出します。この旅では完全な相互の経験は得られず、あなたは真実の愛ではないレッスンに自分自身を設定します。ここではパートナーと心の底から関わることができません。

あなたが受け取ることに困難さを感じるのは、自分自身に対する厳しさから来ている可能性があります。もしそうなら、あなたが成すべきことは、あなた自身の苦労を少なくすることについてです。

そうしないと、他の人の要求もあなたに厳しいものになる可能性があり、あなたが他人の指揮下にあるという幻想の下にいるなら、他人のせいにするのはやめて、あなた自身がそれを手放す必要があるからです。

これにより、自信と明確さが増し、自分と一体になることができます。これが自己への愛です。「あなた自身との関係性」が最も重要なのです。

あなたが持っている物語、進化した自己愛、真実を生きることへのコミットメント、使命に対する情熱、そしてあなたの最高波動の運命——これらはあなたの神性と幸福の鍵ですが、それだけではありません。

それらはまた、ツインフレーム（魂を分けた）の相手と出会うチャンスへとあなたを導きます。その二人の人間が一体化することによって、さらに神聖な扉が開き、私たちは神としての人生を送ることができるようになるのです。

それにはまず自分自身に取り組むことであり、私たちは自分を目覚めさせるためにホリスティックな観点から内なる波動の確認、そして選択と変換をし続ける必要があります。

やはり、私たちは常に自分の中で完了していないものに取り組む必要があるのです。そうしないと、進歩、成功、真に貢献する能力がダメージを受けてしまいます。

☆五次元の愛

五次元の愛においては、私たちが誰であるかを正当に評価し、相手のことも正しく知ることができます。

ここで私たちは、より本物の愛、より進化的な記憶（過去の捉え方）・思考・感情・経験とともに、さらに深く愛することを知ります。

私たちは自分自身を癒やし、人生をより深く愛し、人生の人々をより完全に愛し、成長し、強く立ち上がります。

私たちは、愛と進化で構築された世界と、それを尊重することに専念する自己を創ります。私たちは愛に専念し、より良い世界を築きます。

そのように、あなたの天才的な人間愛の可能性は、あなたの思考や感情に対するあなたの献身的な認識にかかっています。

すべての個人がライブフィードを通して思考や感情に気づき、認め、進化させるという目覚めの旅に参加できます。これは確実かつシンプルな認識の旅です。

私たちの態度、信念、思考、感情は現実を生み出すので、その思考や感情を変換することによって、私たちは他者との関係において非常に異なる可能性を開くことができます。

こうして、私たちは人間として新たなフロンティアに踏み込みます。新しいマインドとハート、新しいコミュニティと世界、愛・真価・敬意に基づく新しい関係です。

この神聖なワークに入ると、あなたは有毒なアジェンダへの執着のない関係に入ります。パートナーに未解決の傷を投影する必要はもうありません。これはあなたの愛を再定義します。

神聖さは、このような実践を通して私たちに示されます。愛は新しい現実をつかさどり、壮大で神聖な旅の扉を開くのです。三次元や四次元の概念化と戦略ではこれを達成することはできませんが、五次元の愛では可能です。

新しい現実が私たちを力づけ、五次元のさらなる具現化に私たちを連れて行くのです。

このように、私たちの聖なるイニシエーションは、愛を通して、そして進化のために、私たちの変容を通して達成されます。

永遠、平和、愛を主眼とする意識による光の旅を理解することに専念している限り、この私たちのイニシエーションは必ずや成就するのです。

素晴らしい変容のプロセスによって、神聖な真理、そして平和と愛があなたの内に顕現することではじめて、目覚めと進化が完全に統合されます。

すると神聖な内なる空間と時間が創られ、さらに前例のない加速された目覚めに移行します。

☆五次元の人間関係

人間関係における神聖な愛は、人々に感染していき、世界中で人間の天才的な可能性に火をつけるでしょう。

ですから、あなたのすべてを、そして今あなたが変えられるものすべてを優しく明らかにしてくれる、進化の約束に基づいた関係性から逃げないでください。

愛が唯一の道である関係性に至ると、五次元で力を発揮できます。私たちが真の愛を経験する時、私たちは力強く目覚め、制限が外れるからです。

愛は神聖な魔法のように、私たちをピュアで力強く、平和で、知的にイキイキとさせます。そして、五次元で私たちを心から愛している人々は、共に私たちの現実と未来に革命をもたらします。

あなたの対人関係は、あなたが他者との繋がりをどのように築くか、つまり、あなたが本当に堅実な愛情のある関係で他者と繋がれるかどうかにかかっており、そしてそれはあなたがあなたの中にある光を見つけ、その光を他者と共有できるかどうかによります。

つまり、他者との契約は、あなたが顕現《けんげん》する光の量によって決まるということです。あなたが自分自身の中でより多くの光を放つにつれて、同じように光を放っている人と関わるようになります。

このように、私たちがどれだけ本物の光を放ちながら生きているかによって、私たちがどのような人を引き付けるかが決定づけられるのです。

逆もまた真実です。自分の中に多くの未解決のパターンがある時、そのパターンを反映する関係を引き付けることになります。

私たちの対人関係は、喜びと幸福を拡大できるよう自分自身で変容し、成長するために必要なものを思い出させる形で機能するからです。

五次元の神聖な現実への入り口は進化そのものであり、ステレオタイプを超えた愛の自由の中で、自分自身とも他人ともひとつになる経験の中で、見つけることができます。ここでは、あなたが誰であるかを知り、投影と拒絶なしにパートナーを理解し、永久に愛するという量子的交流が起きます。

そのように、深い人間の愛を経験することを妨げているあなたの信念そのものに取り組んでください。

神聖な愛は神聖な契約です。あなたが愛に焦点を合わせているなら、セルフワークに専念してください。そこで最も重要なことは、「自己との関係を認める」という観点から準備することです。

これは、私たちにとって「最も本物である」と呼ばれるステージです。そこで固定観念に囚われないことに忠実であれば、私たちは瞬間的で表面的な愛を経験しなくなります。

そこで私たちは、関係性そのもの、他人と歩む旅そのものを愛することに深くコミットしています。最も重要なことは、あなたのパートナーとそれが完了するように、まずあなた自身が準備することです。

その内なるワークによって、自分がどこに属し、自分が選んだ人生の中で誰と一緒にいるのかを知ることができます。

愛は、私たちを神聖で完全、深遠で霊的な旅へと導く資源です。

そのためには一人で向き合う時間をつくり、瞑想の実践を通してあなたが受け継いだ限界を認識し、より大きな愛と真実の中でその限界を超える精神性の探求と進化に専念し続ける必要があります。

この旅は愛着の限界を明らかにし、永遠にわたって解決します。私たちの変容と目覚めは完璧で永遠であることを認識しています。

ここであなたは、愛、光、真実を約束することによって永遠に自分自身を癒やすことにコミットします。

あなたが触れ、感じ、人生に影響を与えるものはすべて神聖で霊的なものになります。そして本当に愛ある関係はあなたの周りのすべてのものを尊重し、さらに進化させます。

もちろん、そのような最も精神的な価値は、私たちが暮らしているこの生活の中にあります。それが具体的な五次元スピリチュアリティです。

有毒なプログラミングやステレオタイプへの執着は、私たちの思考と感情にすべて制限を加え、それが進化と愛、完全にイキイキと生きる上での障壁となっています。

しかしながら、それに気づいたなら、私たちの献身的で神聖な生活によって、究極の自由の基盤を創りあげることができるのです。

☆人類における五次元の愛の共鳴

五次元の愛は、進化と知性の新しいフロンティアに従事しているすべての関係とコミュニティに共鳴します。そしてそれはあなたを愛すべき資源となる仲間達と繋げます。

人間同士の真の愛と進化、ハートに基づく認識と実践、高度な意識の探求と訓練、およびメタフィジカルな変容は、人類の可能性や超人の意識に火をつけることができ、それは奴隷化とは無縁のものです。

そして、私たち一人一人がその全責任を負うことができます。

したがって、私たちはそれぞれが目を覚ます必要があります。他人のせいにしないということです。それは新たな意識のムーブメントであり、私たちのユニークで進化的な旅に専念するための加速的な革命です。

なので、あなた自身の旅においても、同様の完全に一致した契約によってあなたと共鳴する人を引きつけるでしょう。


三次元から五次元への移行を理解し始めると、私たちは新しいフロンティアに入る選択ができます。

有害な思考、感情、態度を排除し、三次元プログラムが具現化する現実を減らし、私たちができる限りの責任を取り、私たち自身を永遠に変えることができるのです。

そして五次元の愛をたずさえた、新しい教育に対してオープンなハートとマインドを持って生き、大衆にのまれず同じことにコミットしている他者と共鳴していくのです。

《この章のまとめ》

愛とプログラミング

●愛と進化の道は、自分自身を知る道。そして自分自身を知ることは、三次元プログラムを排除することを意味する。

●あなたの有毒なプログラミングは、あなたを真の愛から締め出し、変容の可能性を制限している。

●人間の潜在能力開発の分野にさえも「セーフゾーン」が存在し、そこにプログラミングが存在しているので、目覚め、気づき、現実的で、本物でなければならない。

人々は自分が自由であると信じているが、実際には三次元のステレオタイプの愛のプログラミング、または四次元の概念化された愛に縛られており、真の愛を経験していない。

●三次元プログラムと執着に疑問を投げかけ、破壊することを本当に選択しない限り、ライブフィードに三次元が反映され続ける。

三次元のステレオタイプの愛

●有毒または役に立たないプログラミングを解体するための要素の一つは、三次元のステレオタイプの愛への執着を認めること。

●ステレオタイプは、三次元でのロックを維持するように設計されているため、固定観念に執着してそれをつくり出すと、愛と進化から完全にロックアウトされる。

●ステレオタイプは、部分的な真実と現実のみに焦点を合わせている低波動に私たちを連れて行く。

●ステレオタイプの愛は、パートナーを制限の箱の中に封印してしまう。それゆえ彼らは行き先がなく、未解決の傷に気づく可能性も解放される通路も見出すことができない。

●あなたの周りの人々の意見に注意し、彼らがあなたをステレオタイプの箱に入れるかどうかに注意する必要がある。

●**ライブフィードリアリティチェック**：三次元のステレオタイプはあなたの関係性のどこにまだ現れていますか？　他人を制限の箱の中に閉じ込めてしまうのはどんな時ですか？　五次元の愛に移行するには、どのステレオタイプを解体する必要がありますか？

ハートを開く

●ハートに基づいた道と現実に重点を置く必要がある。それが知性と存在に対する全く異なった理解へとあなたを導くからである。
●スピリチュアルな道の上で、そして旅を分かち合う上で、ハートを開くことは何よりも重要。それはお互いの存在と境界線を大切にしながら共に愛情深く進化する、という神聖な愛を尊重することを意味する。
●自らの意識と現実に対して問いかけ、私たち人間が痛みと苦しみを排除した新しいフロンティアの可能性にハートを開いていこう。そうすれば本物の関係性から私たちを締め出す有毒なステレオタイプを超えていける。
●**ライブフィードリアリティチェック**：常に気づきの力を高めて、ハートが五次元の高波動にあり、完全に、無限に開いていくような感覚の時を識別する。そして三次元にその感覚が抑え込まれた感じがしたら、それを認識して進化させる。

自己への愛
●愛は最高の波動であり、私たちがそれを明らかにし、自分自身でそれを感じるためのワークをしない限り、私たちはそれを知ることができない。
●私たちは、自分自身を自己愛と自己受容の場所に連れて行かなくてはならない。

●もしあなたが他の人の指揮下にあるという幻想の下にあるなら、他人のせいにするのはやめて、あなた自身がそれを手放す必要がある。
●神聖な関係性において、私たちは奇跡的に進化し、神聖な真実との繋がりを直接体験できる。

五次元の愛
●五次元の現実では、概念ではない本物の愛が最重要。次元を変換する必要のあるものはすべて愛の中で抱きとめられ進化できる。
●五次元の愛においては、私たちが誰であるかを正当に評価し、相手のことも正しく知ることができる。
●より本物の愛、より進化的な記憶（過去の捉え方）・思考・感情・経験とともに、さらに深く愛することを知る。私たちは自分自身を癒やし、人生をより深く愛し、人々をより完全に愛し、成長し、強く立ち上がる。

第8章
運命

☆意識と現実が私たちは誰であるかを定義する

あなたの運命は、あなたが人生を生きる上で夢に描き、生きられうる最高の波動です。

あなたの目的―つまり運命―こそが、あなたがその存在を見出し、探求することを選べる最も偉大な知恵の本なのです。

私たちが共に行うワークはすべて、あなたがそこに到達し、神聖な内なるスペースを創ることの重要性を理解し、あなたの天命がこの惑星で何であるかを知るためのものです。

そして、自分の天命を果たすことができる人が多ければ多いほど、私たちは変化を起こし、進化の未来を次の世代に引き継ぐことができます。

私たちの生体に記録されているのは、私たちが日常的に経験する人生の出来事と世界だけでなく、運命と人生の目的の契約でもあります。人生の、目の前の現実というライブフィードが、私たちが誰であるかを正確に、かつ繰り返し明らかにしています。

つまり、意識と現実は、私たちが誰であるかを定義するための精神的なツールなのです。

そして、世界と宇宙は私たちに比類のない教育を与えています。

それゆえ、あなたが生命力を変容させる時、五次元に入る無類の旅が始まります。

五次元において、地球と人類は革命的な現実の教育と学習の道しるべとなり、私たちの現実と時間は神聖なものとして評価されます。

これは、私たち全員に開かれた神秘的でパーフェクトな道です。この前例のない認識、知恵、知識は、新しい現実の道を明らかにするでしょう。

私たちがあなたと共に行うワークは、あなたのＤＮＡにコード化された神聖な知性と繋がり、あなたの中にそれ（神性）が存在することを明らかにするのに役立ちます。それはまだ現れていないあなたのビジョンに革命を起こす道しるべです。

しかし、ただ夢を見たり話し合ったりするだけでは十分なインパクトはありません。

あなたの進化は、高波動の意識と生命力に真に専念することに根ざしています。この領域に入る時、私たちは知的で心のこもった自己探求に取り組んでいるのです。

そこで、私たちは恐れることなく自分自身をすべて知り、癒やす場に足を踏み入れます。有毒なものすべてを変換して、真実であるものを目覚めさせます。これは私たちの運命に含まれる天賦《てんぷ》の才と奉仕への驚異的な旅です。

☆三次元と運命

意識と直感の領域を探究する時には、三次元プログラムとそれがどのように私たちを未来から締め出すのかを疑問視しなければなりません。

三次元では、未来は謎のままです。そのため、私たちは私たちの未来を信頼し、受け入れ、具現化することから遠ざけられています。

また、三次元は私たちを過去に縛りつけ、古いテーマ、物語、癒やすべき課題を繰り返し永続的に創り出します。

これらは私たちの家族、先祖、社会に属し、私たちの歴史についての私たちの考え、感情、態度に絡み合っているので、私たちはそれらから自分自身を分離することはできません。

三次元でどれほど自分探しをしても、二元性に基づいた四次元でスピリチュアルな練習をどれほどしたとしても、あなたが誰であるかを本当に知ることはできません。

それでは、あなたを大切にしない人や四次元情報を駆使するエリート達の利己的な動機によって、あなたの傷に対する認識や思考が操作されてしまいます。

＊＊＊＊＊＊＊＊＊＊＊＊＊＊＊＊＊＊＊＊＊＊＊＊＊＊＊

ライブフィードリアリティチェック：

三次元プログラムがあなたを運命から引き戻そうとするのはどんな時ですか？

あなたが自分の運命を完全に生きることを妨げてしまうような、他人の課題を引き受けていないでしょうか？

あなたが運命に入ることができるように、何を打ち砕いて手放す必要がありますか？

＊＊＊＊＊＊＊＊＊＊＊＊＊＊＊＊＊＊＊＊＊＊＊＊＊＊＊

☆三次元の奴隷から五次元の運命へ

あなたの人生の目的は三次元のノイズによって失われますが、あなたがあなたの本当の目的を知っている神聖さに耳を傾ける時、あなたは五次元にいます。

そこでのあなたは完成された人間です。そのように、すべての中心に神聖な目的を置くと、すべての三次元の現実構造を超越する力が生まれます。

私たちの誰もが、貧しく、貪欲で、嫉妬し、目的がなく、夢から切り離されているように見えるのは、神聖との繋がりが断たれた、二元性と分離からなる三次元の現実構造そのもののためです。

二元性の中では夢は叶わないままです。しかしその夢は、五次元の神聖な意識の顕現によって動き出します。

とりわけ大きな変化が起きている今の時代は、私たち一人一人が自らの運命と繋がり、完成され覚醒する機会を得ています。

この覚醒のワークは、進化、認識、意識の量子的シフトに関わるものであって、私たちが聖なる存在として果たすべき目的のために準備することです。

私たちの内なる神性こそが人間による奴隷化と不正を終わらせる唯一の方法であり、またそれが私たちが今後どのように人生を生きるかを明確に指し示しています。

偉大な勇気が最初のスタートであり、人生の道しるべがあなたの進化、変容、覚醒の加速を促してくれるでしょう。

そこで人間の可能性を研究によって概念化してしまうと、前例のない五次元の学習と教育の可能性が排除されるため、あなたは目覚めている必要があります。

あなたは現実を知覚し、自己を知覚するために、まったく新しい方法でハートとマインドを開かなければなりません。それが高波動プラクティスであり、五次元の基礎です。

三次元を排除することで、才能を解放し、選択の幅が広がり、信じられないほどの統合されたハートと知性、そして人類に対する奉仕の能力を備えることができます。

五次元に移行すると、あなたを支援し進化させる多目的プラットフォームが用意されます。未来はもはや三次元の直線的な狭い領域ではなく、限られた現実ではなくなります。あなたの未来は五次元の時間によって動作し、量子的な無限の可能性が開かれ、それによって未来を生きる最高の方法が照らし出されます。

こうしてあなたの運命と目的は、最終的には人類の進化を促進することに貢献します。それこそが五次元の存在と寛大さです。そうすれば、コミュニティと世界にインパクトのある現実的な変化をもたらすことができます。

五次元はあなたの運命を進化させ、あなたの最大の資源の一つであるあなたの意識にアクセスして、あなたの旅をスーパーチャージするのです。

このように、五次元では私たちが誰であり、運命が何であるかの真実に戻ります。そして五次元を体現すると、私たちは善悪についても共鳴的に覚醒します。

そこで私たちは、私たちが誰であるか、神聖な価値観と使命、そして私たちが最終的に真実を生きることに身を任せた場合に何ができるかについて明確に認識できます。

さらに五次元は波動をアップスケールし、最後に進化の旅そのものをアップスケールします。私たちの運命は常に果たされていますが、ここでは、私たちの汚れのない意識がより洗練されるのです。

つまり、五次元に進化するにつれて、真の自己価値と意識が再構築されて、私たちは運命の達人として人間を卒業することになるのです。

☆目的を純化する

私たちの神聖な目的が何よりも大切です。私たちが慎重に神聖な目的に耳を傾け、その目的に踏み込むと、共鳴してすべての人を動員します。

つまり、私たちが神聖な目的に耳を傾けることで、私たちの中にある最も強力な光を常に放射し、それによって人々のハートに火を灯すことができるのです。

オンへの切り替えは、内なる静けさ、傾聴すること、そしてあなたの目的に身を委ねることです。この種の作業にはエゴの執着はありません。それはあらゆる瞬間に可能な限り最善の方法でできることを最大限に行うことです。

謙虚に明け渡すことなく五次元に参加することはできません。エゴ（自我）から決断が下されるのか、それとも自分の運命から判断されるのか、あなたはその違いを何度も何度も認識できなければなりません。

神聖な目的がなければ、人間としてのより大きな世界に対するあなたの責任を否定することになります。一方、あなたが神聖な目的に踏み込むと、あなたはもはや表面的に何か外のものを崇拝することはありません。

神聖な目的に入ることで、あなたは計り知れない謙虚さとともに旅を創造し、顕現し、称賛します。ユニークな運命と内なる神性に耳を澄ますことによってあなたの道が照らされ、あなたは自分の足でしっかりと地面に着地し、進化したハートとマインドで確かな現実を創造します。

この神聖な運命の目的は、あなたの人生のすべての側面に反映されます。明らかに活気に満ちたエネルギーと、言葉では言い表せないほどの高い知性と意識がすべてに広がっていきます。あなたの人生は、あなたが神聖な目的を生きている時、それをありのままに映し出すのです。

このように、あなたが意識の錬金術のプロセスに入ると、あなたは最高の波動で目的を生きます。同時に、それはすべてを捧げる旅であるため、エゴは障害物ではなく、それを参照点とし正しい選択をするためのからくりに過ぎないことを理解します。

あなたは永遠に成長し、常に進化し続けます。

私の信念は、私たちの天命（ミッション）はすでに設定されているということです。聖なる魔法はすでに設定されているので、あとは私たちのミッションを助けるサポーターたちと共鳴しあえば良いのです。すると、魔法を使う手がかりとなる道しるべにも簡単にアクセスできるようになります。

つまり、あなたがあなたのミッションを完了するために、それらと連携する方法をあなた自身が知っているということです。ここで、あなたは自分自身がこの地球上であなたの運命やミッションを注意深く傾聴できるようにしなければなりません。

あなたの意識の最も深いレベルで、あなた自身があなたの内側に耳を傾ける必要があるのです。

そして、多くの場合、そこで解消されなくてはならない数々の疑念が浮上することがありますが、あなたの運命は必ずあなたの中に眠っています。

あなたは三次元プログラミングへの奴隷から抜け出して、愛や平和といった本物の、高波動の、真のスピリチュアリティのある人生を明らかにする運命と神聖な目的に目覚めるのです。そのビジョンを完全に信頼することが鍵となります。

あなたは、自分で現実をマスターすることを可能にし、前進させることができるように意識を訓練する必要があります。それはすべてあなた自身の旅から始まり、あなたの運命を理解し、あなたの人生の教訓を理解し、そこからあなたの問題を解決します。

あなたが未来を創造するためには、自らそれらを解放する必要があるのです。

私たちは誰もが皆、今やるべきワークを持っています。過去においてどれだけのワークをしたかは関係ありません。

必要なのは洗練されたプロセス、そしてあなたの最もとらえどころのない微細な癒すべき課題を解決することです。

＊＊＊＊＊＊＊＊＊＊＊＊＊＊＊＊＊＊＊＊＊＊＊＊＊＊＊＊＊＊＊＊＊＊

ライブフィードリアリティチェック：あなたの目的に耳を傾けましょう。

あなたは誰ですか？　何を創っていますか？

真実から常にあなたを引き戻すものは何でしょうか？

愛と共鳴に関して、あなたの人生に繰り返し現れているサインは何でしょうか？

あなたの人生、あなたの道、そしてあなたの歴史の中で何が繰り返し浮かび上がってきますか？　人生の目的を支配する特定のパターンがあります。それらは何ですか？

＊＊＊＊＊＊＊＊＊＊＊＊＊＊＊＊＊＊＊＊＊＊＊＊＊＊＊＊＊＊＊＊＊＊

☆あなたが誰であるかを理解する

私たちが誰であるかを理解し、知ることが重要です。質の高いメタフィジカルなトレーニングは進化し、新しいフロンティアで教育します。したがって、今日耳を傾ける必要があるものを自己認識し、意識を合わせ、承認し、特定してください。

あなたは繰り返し「幸せ」に焦点を合わせる必要があります。それをし続けることによって、あなたはあなたの人生をマスターします。

あなたは完全に清らかに、あなたの運命に責任を負わなければなりません。目覚め、進化、変容というあなた自身のテーマは、今という進化の機会に専念するか、遅らせるかに関わらず、未来を開く素晴らしいチャンスです。

あなたの運命、変容、覚醒に対してあなたが専念しなくてはならないのは、分ごと、日ごと、週ごとです。常に目的と神聖な知性と繋がりながら瞑想し、自己変容を促すと共に目的の本質を徐々に理解し、存在の重要性を探求する必要があります。

自己にオープンな状態で神聖な目的と対話しながら、あなたは進化し、成長します。これらは五次元進化の鍵です。

☆運命のプラクティス

人生を通じてプラクティス（内なるワーク）を続けることが、あなたの運命にとって重要な鍵となります。

波動を高め、三次元に乗っ取られた生命力と、危険にさらされたエネルギーシステムを解決するには、集中的な意識の再構築プロセスが必要だからです。

プラクティスの中でも非常に重要な要素となるのが「重力」です。身体にしっかり根ざしたワークをすることで重力を活用でき、最高の波動を体現できます。

重力は時間の概念においても、具現化を行う際にもとても重要な要素です。また、瞑想のプロセスを加速させるためにも必要不可欠であり、目覚めや気づきのプロセスにおいても大切な役割を果たします。

つまり、重力を利用することによって私たちの波動の転換、すなわちDNA内のメタフィジカルな変換が起きやすくなるのです。そして、それは強力かつ進化的なシンクロニシティをもたらします。

まず、第1章（頭…ハート…足）のプラクティスを常に身につけるようにしてください。

「身体の中にしっかりいる」という感覚をつかむことで、肉体にこそあなたの参照点があると分かり、自分の歴史と今を認識でき、あなた自身に対する責任を持つことができるからです。

自分の考え、感情、ストーリー、そしてそれらがあなたの未来の結果にどのように影響するか、そしてあなたが汚れのない自己と人生を明らかにするかどうかも、この重力に身を委ねるグラウンディングができるかによります。

このように重力と完全に繋がることによって、あなたは完全な状態を維持しながら変化することに集中できるので、これは非常に現実的なプラクティスと言えます。

これはあなたが誰であるかを知り、さらに高めるのを助けてくれる現実を形作る、その波動と繋がっていくことです。

＊＊＊＊＊＊＊＊＊＊＊＊＊＊＊＊＊＊＊＊＊＊＊＊

プラクティス：「私は誰ですか？」

あなたに必要なのは、このように毎日瞑想することです。

また、以下のような長い瞑想のプラクティスを行うことによって、より最高の波動の運命に同調することができます。

まず深呼吸してください。そしてその呼吸を通してあなたは拡大します。すべての呼吸が活力を与え、生命力を解放し、あなたの意識を広げ、あなたのハートを開き、あなたのマインドを開き、あなたの力に繋がり、あなたの最高の波動の運命に触れるよう意図します。

次に、身体にしっかり意識を向けて重力を活用します。

基礎からピラミッドを積み上げるように、あなたの土台（足元）から始めます。

生命エネルギーが足を通って上がってきます、同時にあなたのエネルギーフィールドの土台がどっしりと安定し、とても強くなるのを感じます。

あなたはしっかりと地球の大地に根を張っています、高波動を体現しています、整って、目覚めています。

それを感じながら、強力な基盤に支えられ、再度エネルギーフィールドを下から上へに向かって意識し、波動を調整します。

そしてハートに入り、さらにハートを通じてあなたの波動を磨き上げていきます。

ハートの中で静止点を見つけてください。

そしてさらに上へ向かい、マインド（脳）に入り、その静止点を見つけます。

そこはあなたが限りなく拡大していけるポイントです。

静止点にフォーカスしながら呼吸します、あなたは進化しています、ここがあなたの立ち返るべき場所です…


この意識状態はきわめて健全で、この状態の中で自らを大いに癒やすことができます。

また、ハート・マインドの無限の資質を解き放ちます、あなたは自分自身の可能性を、今徹底的に見つめなおしています。

そして最も高い波動の運命に触れます、これこそが神聖な五次元との繋がりです！

＊＊＊＊＊＊＊＊＊＊＊＊＊＊＊＊＊＊＊＊＊

☆別のストーリーを選択する

私にとって人々に対してこのワークをすることの最大の喜びの一つは、彼らが三次元の乗っ取りとは別のストーリーを選択した時に、「その人が誰になりえるか」を見ることができることです。それはまさに可能性を解き放ち、人としての旅を充実させることです。五次元の未来の情報にアクセスし、それを今と繋げることによって、三次元の汚染サイクルを超え、トラウマや癒やすべき課題を超えていけるのです。

これは、奇跡、メタフィジカル、将来の可能性、予言、ビジョンの現実です。なので、あなたが受け継いだものを進化させ、あなたの運命を生きるためにどうか自ら決断を下してください。

自由を選んだあなたの意識と目覚めが、より大きな可能性のプラットフォームを提供します。あなたはその現実を体現しており、道を照らすことができる存在なのです。

この完璧な旅は、より深いレベルに進むにつれて常に自分自身でワークをする必要があることを受け入れるようになります。

自分自身を癒やす方法、導きを理解する方法、教えを理解する方法、知覚のしかたや知性を理解する方法、これらはあなたを人生の非常に興味深い旅に連れて行きます。

それらを実際に試してみると現実として結果が示されるので、あなたがこの地上で成すべき仕事に踏み込むための力、資源、自信が得られます。そして、あなたが他の人とこのプロセスを共有する時にも謙虚で、誠実でいられます。

あなたがそのような立場になっても、あなたが強くシンプルで、かつ謙虚でいられるようにしてくれる人々を周りに保つようにしましょう。

☆惑星地球上の最高の使命としてのあなたの目的

あなたは、神聖な目的を進化させる必要があります。

あなたの人生はあなたの選択に基づいていなければならず、あなたは自分自身と人類のために可能な限り最良の選択をし、最高の自己を生み出し、その旅に参加しているより多くの人々と共鳴しなければなりません。そうすればそれはより多様な資源になります。

それは神聖な領域において自分自身を認めることによってのみ可能であり、五次元においてこそ、より壮大な人生の旅を創造することができます。

あなたがどのように貢献し、あなたの人生がどんなものとして現れるかをアップスケールするのです。あなたが奉仕をしたいなら、あなたが住んでいるコミュニティや世界に多大な貢献をし、寛大に与えることができるようになります。

この大いなる目覚めは、大きな希望を生み出します。そして私たちの運命を完全に理解し、自らの神性を尊重する旅に連れて行くので、私たちはそこで何をすべきかを完全に認識しています。

これは、私たちが誰であるかを明らかにし、神聖な存在へと進化させるために今最も必要な人間モデルです。

このように、人間の可能性という点においても、あなたは自らに与えられている霊的なギフトを高めているのです。あなたはそのギフトが自分自身の中に存在していることを認め、目に見える形で具現化していくのです。

あなたの真実の道しるべは、あなたの最高の波動の運命に絶えず力を与えており、それは同時にあなたの人間としての可能性を継続的に進化させることを可能にします。

この最高波動の現実はすなわち、健康と幸福を育てる基盤を意味するので、あなたは優れた健康を維持するというボーナスも得られます。

このように、私たちが最高の天命に敬意を表する時、三次元や四次元はもはや私たちを乗っ取ることはできません。最高の天命は表面的な目的よりもはるかに強力であり、これはメタフィジカルなものです。ですから、あなたの運命、目的、そして最高の天命について頭であれこれ詮索するのは良いアイデアではありません。

あなたが真実に基づいて生きるだけで、あなたのたどる道は非常に良いものになります。ですから最高の天命と神聖な目的に対して静かに耳を傾けることです。それ以外にあなたは何もする必要はありません。

私たちは自分自身に耳を傾けることによって、自分の内面と現実との関係、つまり気づくべきだった神聖な真理を深く認識するのです。

神聖な真理への認識が、あなたの住んでいる世界に奉仕することに繋がります。奉仕は厳しい旅です。なぜなら、私たちは完全に責任を負わなければならないからです。

しかし、ハートの中の宇宙に耳を傾けることによって、あなたは最高の波動の運命を獲得します。人々の閉じたハートや閉じたマインドに関係なく、そこで私たちは惑星の波動を変えるのです。

これが、私たちが人類と地球に提供できる最高の奉仕です。こうして私たちは愛に戻るのです。もっと多くの人が神聖な運命に耳を傾け、それを創造したなら、もちろん迂回路などは必要なくなります。

私たちの最高波動の運命が私たちを五次元の戦士性へと誘い、それによって私たちのすべての行いが人類の癒やしを助けるのです。

私たちは現在の現実よりもはるかに強力で、平和でなければなりません。そのためには、私たちの神聖な目的、神聖な運命に関する謙虚さと誠実さが最も重要です。

この私たちの神聖な運命は、この惑星で私たちがまず最初に、何よりも優先して、そして永遠に取り組むべきものであることを再認識する必要があります。

その神聖な運命を生きることが真のヒーラーの道であり、この道こそが、最高波動の運命に踏み込むことによって新たに創造することができる究極の現実革命です。

《この章のまとめ》

●三次元は私たちを過去に縛りつけ、多くの場合、古いテーマ、ストーリー、癒やすべき課題を繰り返し創り出す。
●三次元では未来は謎のままで、私たちの未来を信頼し、歓迎し、具現化することから遠ざけられる。
●**ライブフィードリアリティチェック**：三次元プログラムがあなたを運命から引き戻そうとするのはどんな時ですか？

三次元の奴隷から五次元の運命へ
●あなたの運命は、あなたが人生を生きる上で夢に描き、生きられうる最高の波動である。
●あなたの人生の目的は三次元のノイズで失われるが、あなたがあなたの神聖な目的に耳を傾ける時、あなたは五次元にいて、完成された人間となる。
●三次元を排除することで、才能を解放し、選択の幅が広がり、信じられないほどの統合されたハートとマインド、人類への奉仕能力を備える。
●五次元はあなたの運命を進化させ、あなたの最大の資源の一つであるあなたの意識にアクセスして、あなたの旅をスーパーチャージする。

目的の純化
●私たちの神聖な目的が何よりも大切である。私たちが慎重に神聖な目的に対して耳を傾け、その目的に踏み込むと、共鳴してすべての人を動員する。
●神聖な目的がなければ、人間としてのより大きな世界に対するあなたの責任を否定することになる。
●**ライブフィードリアリティチェック**：あなたの目的は？　あなたは誰？　何を創っていますか？　真実から常にあなたを引き戻すものは何でしょうか？
惑星地球上の最高の使命としてのあなたの目的
●あなたは目的を進化させる必要があり、それは１００％寛大に生きることを意味する。

●あなたのミッションは、あなたの運命を完全に理解し、あなたの神聖さを尊重する旅にあなたを連れて行くので、革命的である。

●あなたの真実の道しるべは、あなたの最高波動の運命に絶えず力を与えており、それは同時にあなたの人間としての可能性を常に進化させることを可能にする。

●私たちの最高波動の運命が私たちを五次元の戦士性へと誘い、それによって私たちのすべての行いが人類の癒やしを助ける。

終章

令和の時代によせて

☆日本の歴史が古代の力を呼び覚ます

新たな令和の時代に移行するとき、私たちは未来への大きな希望と同時にパワフルな古代の記憶に浸ります。ここに新しい可能性があります。日本の神聖な歴史は、現代において古代の力を呼び覚ますでしょう。ここに希望と力を見出すことができます。よって、私たちは暗闇の中で光を照らすのに十分な勇ましさを持ちます。神々を知る私たちは強く立ち、希望の灯台になります。

2019（平成三十一）年4月30日、今上天皇は、菊の玉座（皇位）を継承され2019（令和元）年5月1日に新しい令和時代を開始した後、「統合の象徴」になることを誓いました。

「ここに、皇位を継承するに当たり、上皇陛下のこれまでの歩みに深く思いを致し、また、歴代の天皇のなさりようを心にとどめ、自己の研鑽に励むとともに、常に国民を思い、国民に寄り添いながら、憲法にのっとり、日本国及び日本国民統合の象徴としての責務を果たすことを誓い、国民の幸せと国の一層の発展、そして世界の平和を切に希望します」（今上天

皇の御言葉）

私たちは皆、地球上の変化する時代にこのような統合への誓約をしなければなりません。個々人による多大な努力によって、私たちはそれぞれの国、家族、コミュニティに貢献することができます。

神々の子孫とされる天皇陛下が統合と平和に対する希望の印として力強く語られたように、古代の伝統は、私たちに神聖な道を示しています。

一方、混迷に満ちた現代世界は、歩むべき道、方向を誤っている可能性があります。ですので、私たちは、今こそ真実に対して深く耳を傾ける必要があります。そうしてはじめて、私たちと人類を導く神の聖なるサインとささやきを聞くことができるからです。

私は、人類と地球に対する希望の祈りとメッセージ、そしてあなたの個人的な進化の旅を支援するための教えとイニシエーションを共有します。

☆私の祈りが日本への縁へとつながる

２０１１年、私がエジプトに到着したとき、まるでヘレナ・ブラヴァツキーのような偉大なスーフィー神秘主義者がそうしたように、古代エジプトの叡智が生き生きと息づいているのに気づきました。愛、創造主、奉仕の神聖な鍵。私が人類と地球の大きな夢に火をつける方法を学んだのはまさにここなのです。

古代エジプトの叡智、スーフィズムを通して奉仕という偉大な使命について学んだ私にとって、現代世界で神秘主義者の道を歩むことは簡単ではありませんでした。なぜなら、母であり妻だったからです。

しかし、私の人類に対する使命と奉仕は、私自身を呼び覚ましました。スーフィーの道は絶対的で神聖なものです。現代社会の混乱の中にあっても、この神聖な道はまるでドラゴンのように現れます。その時、論理的な説明や従来の道すじ無しに、私たちは呼び起こされるのです。

私たちはそれを深く称えて歓迎することもできます。もしくは偽りの神々や誤った信念が神聖な旅を惑わそうとするので、私たちは自分自身の中で選択を迫られるかもしれません。私たちの神聖な旅は、私たちの祖先、家族、コミュニティ、国家、世界すべてに渡っており、そこでの私たちの使命は、平和を見つけることです。それは私たちが共に織りなす人生の神聖な目的であり、各人の癒やしとより良い人類を信じる力によって成し遂げられます。

２０１１年３月21日、ルクソールのハブ神殿で、神々が語り始めました。そのときにアセンションの入り口が開かれたのです。

この時、私は非常に特別な探求者グループを率いたエジプトツアーの最中でした。それは「アラブの春」の期間で、そのためエジプトは封鎖され、観光客は長い間姿を消していました。

しかし、私のグループは大胆不敵で、彼らはエジプトにとどまりました。その時だけ、古代エジプトのイニシエーションによって、古代の存在と話すことができたのです。

私たちはいにしえの沈黙の中でこの神聖な出来事を撮影しました。カイロの女性たちも平和を祈っていました。

私たちが福島と中東への祈りの中で世界平和を祈ったとき、神々の光が参加者一人ひとりと人類に対するメッセージとしてもたらされました。私たちの祈りは確かに届けられ、その後一週間も経たないうちに、私は日本に招待されたのです。

私の祈りに対する応えとして、日本との縁ができたと思っています。私は癒やしを必要とする声に応えて世界中飛び回っていますが、それから毎年日本にも訪れ、個人や集団のための奉仕の活動をしています。

☆古代の神々がよみがえる

２０１９年、私は国連から日本のために祈りを捧げるように頼まれました。私の活動の縁により、天皇陛下に対する祝福の手紙を書くこともできました。また、日本の相撲にも出会い、力士の引退セレモニーで力士の髪を切ったこともあります。そして日本サイ科学会（PSI Science Institute Japan）から名誉会員賞を授与され、江本財団からも才能のあるヒーラーとして認定を受けました。私も日本をとても深く尊重しています。

２０１３年の式年遷宮《せんぐう》の年には、伊勢神宮を訪れ、内宮で祈りを捧げました。神が風に乗って現れ、私への挨拶として舞い踊りました。この神聖なサインに敬意を表します。

天照大御神《あまてらすおおみかみ》は、古代エジプトで重要だった太陽神と同じように、太陽の女神であり、激動する現代においても希望を示す偉大な象徴です。

日本では「天岩戸《あまのいわやど》の神話」として知られているように、天照大御神が岩戸から出てきたことによって、暗闇に閉ざされた世界を光が再び照らしました。天照大御神は昇る太陽と日本そのものの化身であり、彼女は宇宙をつかさどる者です。

天皇家が日本をおさめる聖なる権利を持つのは、彼らが天照大御神の子孫だとされているからです。

今という時代に、古代の神々が再び戻ってきています。暗闇に包まれた現代にあってこそ、天国の光は地球上で再び輝き、平和、さらなる平和、秩序、正義をもたらします。私たちの使命は、光に戻ることであり、そのために、今、天照大御神は確かに道を示しています。

私の使命は、あなたに勇気、愛、そして強さを与えて、より良い物語を創ることです。

２０１９年、私はAvatars of The Earth Gatheringという、積極的でグローバルな覚醒と地球外コンタクトの準備のための、革命的な教育と意識向上のためのフェスティバルを作りました。

私の娘TuudiGoldも、わずか19歳でアーティストとしてそのイベントの舞台に立ちました。彼女は子供の頃から私の教えと旅に浸り、彼女の歌は新しい時代のリーダーとしてのメッセージを含んでいます。

私は、家族やコミュニティへの最大の愛と支援を贈りたいと思います。私の教えと旅がそれを分かち合い、出会うすべての人々と共に、より良い世界への希望を持ち運びます。私たちのビジョンは神聖なものとして敬われ、それぞれが役割を果たしていきます。そして私は日本もまたそれを先導できると信じています。

そして私は、人類と地球を深く気にかける個人や組織のより大きなコミュニティがあると信じています。私はこのグローバルコミュニティのリーダーであり、守護者です。

２０１９年に行われた八ヶ岳のリトリートでは、12月の夜空に金色のＵＦＯが目撃されました。神は確かにここにいます。あらゆる形でサインを見せてくれています。

私はあなた自身の門番として、あなたに道を示していきましょう。

【あとがき】

これであなたは、すべての五次元情報にアクセスできるようになりました。

しかし、進化のためには、あなたの覚醒の決意を継続的に行う必要があり、その決意は日々更新していかなければなりません。

そのような献身的な「現実での覚醒」は、あなたが常にコミットしなければならない個人的な選択であり、それが五次元の戦士としての責任です。

あなたはそのコミットメントに繋がり、浮かび上がってくる汚染やドラマを取り除き、健康、知性、人間の可能性の観点から新しいフロンティアを開拓する必要があります。

そうすることによって、あなたは自らの情緒的な知性と世界に対する潜在的な貢献を拡大しています。あなたはそれまでとは全く異なる波動で幸福と健康を獲得し、さらに多くの共鳴する関係と機会を引き付けることができる完全な自己のための舞台を創り出すでしょう。

ここではあなたの奉仕は五次元であり、最高の運命に耳を澄まし、かつそれを常に見直しながら、力強く創造していくのです。

これは、人類の未来に対する奇跡を呼び起こす揺るぎない資源となります。

このような五次元のリーダーシップは、人類と地球にとっての「神聖な守護者」によって体現されます。彼らは進化の渦の中で次々と目覚め、彼らが人類の未来を救うのです。

人類の未来を守護する者は、自らの傷（トラウマ）と夢（ビジョン）を完全に認めており、三次元と四次元を創り出したり、またはそれらに乗っ取られ続ける現実や未来に対する執着はないからです。

守護者のビジョンは、五次元を維持し、人類と地球の神聖でより大きな未来への扉を開くことです。彼らは宇宙の最も進化的な存在たちからサポートを受けることができ、それゆえ超越的な人間として生きます。

彼らは一人ではなく、お互いに真実と愛の永遠の絆に織り込まれています。彼らの神聖な愛と知性によって有毒な現実構造が破壊されるのです。あなたも、私たちの未来の守護者として立ち上がることによって、その五次元に移行できます。最高の波動、運命、進化、ツインフレーム、そしてソウルフレームとの最高の関係。あなたはもはや地球上でも宇宙でも一人ではありません。あなたは目覚めた神聖なハートで与え合います。

あなたの運命は神聖であり、人類に対する汚れのない愛と進化の貢献を生み出します。ここであなたはこの地上での時間が神聖であることを知っています。これが「現実での覚醒」です。

あなた自身が段階的に波動を高め、五次元に変容していくことが、この地上で五次元の回廊をさらに広げ、具現化させます。

今、あなたは自分自身を認め、信じています。地上にいながら同時に宇宙の最果てまで羽ばたくのです。あなたはあなたが創造する運命にあることを知っています。

五次元の現実、そのパワーが渦巻くビジョンを描くのに、今以上の機会はありません。私たちは地球と宇宙、その両方をつなぎ、意識・癒やしを完成させ、完全に体現します。

私たちがひとつになる時代がやってきました。人類の不死鳥が再びよみがえり、私たちは真実と運命をもう一度知ります。

これは本当に人生を変える、神聖な変容のプロセスです。

三次元の低波動の歴史と現実を超えていく、深遠な五次元の癒やしと目覚めのプロセスを経験するでしょう。それはあなたの資源と生命力の活性化、そして並外れた運命の目覚めと活性化です。

あなた自身が段階的な目覚めであり進化そのものです。

あなたは本当に未来の希望であり、五次元の戦士なのです。

トレイシー・アッシュ

【トレイシー・アッシュ　バイオグラフィー】

世界的なアセンション・リーダーであり、アルケミスト、神秘家、新しい地球をつくる者、スーフィーのイニシエーションを受けた者。アセンションとメタフィジクス（形而上学）の風雲児、ゲートキーパー、コンタクトの天才として、革新的な意識のテクノロジーや主権性のある生き方・地球のグリッド・偽りのマトリックスの打破についてパワフルな情報開示をする。

人間の潜在能力開発や霊性の向上のための、卓越したトレーニングや情報の提供に世界中で献身している。

２０１１年より、進化の道を示す者として精力的に日本で活動し、祈りを捧げてきた。

２０１８年、その秀逸なコンタクト動画のために国連に招待される。２０１９年、東京スポーツ新聞にディスクロージャー（情報開示）に関するインタビューが掲載される。アセンション大学、アバター・オブ・ザ・アース・ギャザリング（Avatars of The Earth Gathering）、令和財団（Reiwa Foundation）、エジプトのアセンション・センターの創始者。江本財団と日本サイ科学会に承認される。

◆共同開催&出演

《日本》

癒しフェア、エルアウラ（TRINITY WEB)、ナチュラルスピリット、シンクロニシティ・ジャパン、モミノキハウス、東京スポーツ新聞、他

《アメリカ》

AVATARS OF THE EARTH GATHERING、CONSCIOUS LIFE EXPO、NEW LIFE EXPO、NEW LIVING EXPO、IN THE SPIRIT RADIO、COSMIC SWITCHBOARD、他

《イギリス》

THE LONDON WELLBEING FESTIVAL、COLLEGE OF PSYCHIC STUDIES
PSI TV、CHI-TIME RADIO、CHANNEL FOUR、DAILY EXPRESS、KINDRED SPIRIT、他

《オーストラリア》

CLOSE ENCOUNTERS CONFERENCE、ILLUMINATE CONFERENCE、他

◆著書
「古代エジプトのセレスティアル・ヒーリング」（ナチュラルスピリット）、「ANCIENT EGYPTIAN CELESTIAL HEALING」（右記の英語版、フィンドホーンプレス）
「ライフビジョン」（VOICE）
（順不同、敬称略）

◆ホームページ　http://www.traceyash.com

5次元への覚醒と統合

“Awakening and Integration to 5 Dimension”

令和二年3月26日　初　版　発　行

著者　トレイシー・アッシュ

発行人　蟹江幹彦

発行所　株式会社　青林堂

〒150-0002　東京都渋谷区渋谷3-7-6

電話　03-5468-7769

装幀　TSTJ Inc.

印刷所　中央精版印刷株式会社

Printed in Japan

ISBN 978-4-7926-0673-2